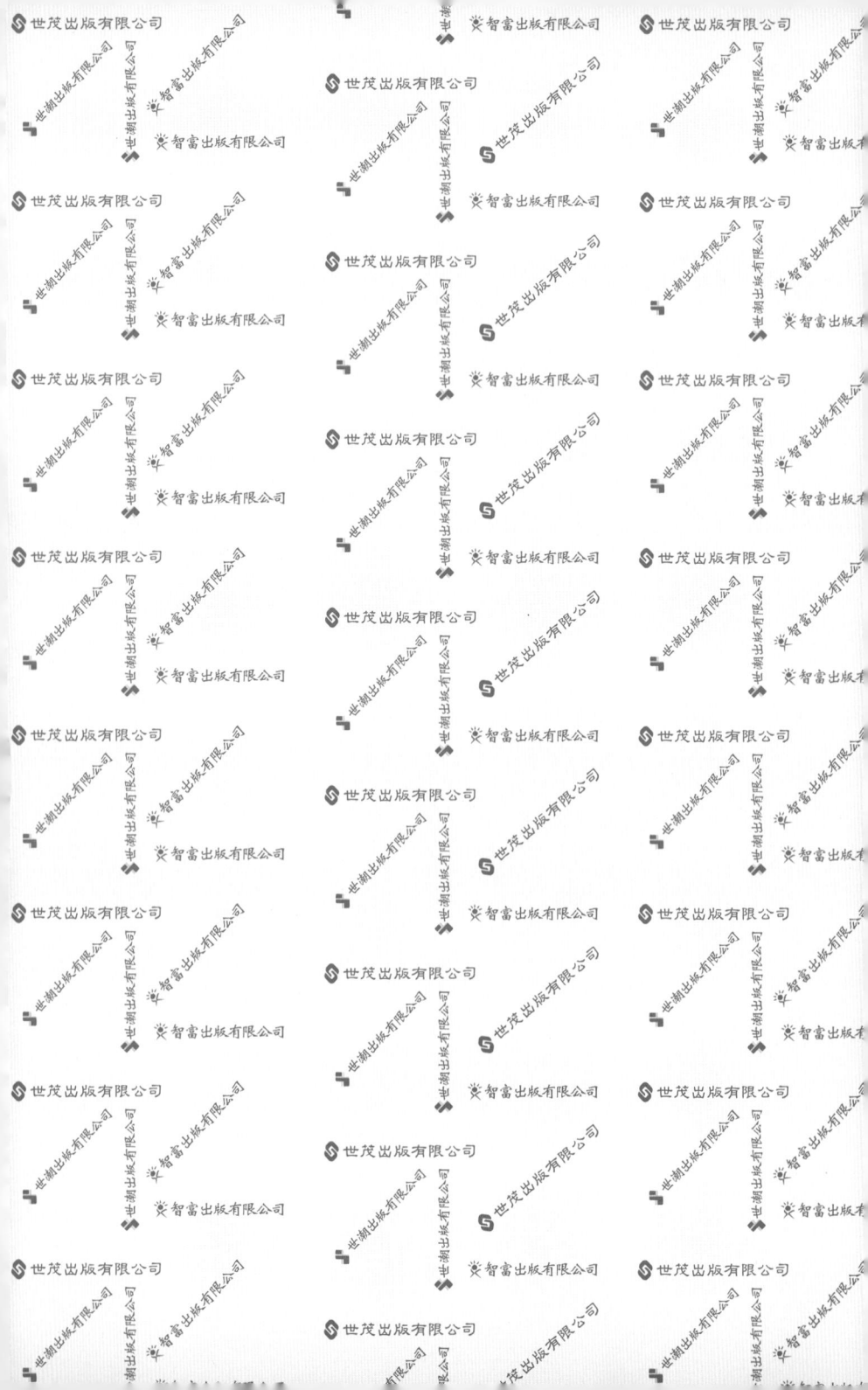

瞬間轉念的自我對話練習

一瞬で気持ちを切り替える脳内ひとりごと

重塑情緒的腦內獨白

吉村園子◎著　伊之文◎譯

前言

我們的大腦每天都會浮現好幾萬句的獨白。視那些獨白的內容而定，有時會變得消極，但也能變得正面積極。

有些事會讓某人沮喪不已，但是對另一個人而言卻不是什麼大問題。後者是因為懂得停止那些腦海中反覆出現的「負面獨白」，將它們切換成「正面獨白」。

若能將每天無意識吐露出的「腦內獨白」變得正面積極，日子就會好過許多。面對那些平時令人心煩或不愉快的事，將能用與以往不同的觀點來看待，還能發覺到身邊有很多好事圍繞，內心狀態會更加安穩。此外，這樣做還能更加理解他人，使人際溝通更圓滑。

本書將以各種貼近日常生活的情境為例，介紹具體的心理學技巧，傳授能瞬間轉換心情的腦內獨白。

請放心，這些方法一點都不難。

請各位讀者試著將那些反射性出現的負面想法轉變成正面。

若能讓拿起這本書的你獲得正向又安穩的心靈，將是我最開心的事。

吉村園子

目次

第1章

聽到令人不悅的話時

讓人際關係更圓滑的「腦內獨白」

第2章

湧現怒氣時

讓自己不生氣的「腦內獨白」

第 3 章

感到後悔時

讓人變得正面積極的「腦內獨白」

第 4 章

提不起勁時
能讓自己和別人都快樂的「腦內獨白」

第5章

不安讓你不平靜時

整理內心思緒的「腦內獨白」

第1章

聽到令人不悅的話時

讓人際關係更圓滑的「腦內獨白」

與其反駁
「你別每件事都要插嘴」

和別人意見相左時

與其反駁：

「你別每件事都要插嘴」

不如想：

「原來還有這種觀點，長知識了！」

每個人都戴著「主觀眼鏡」

假設你正在做主管交付的工作。

你心想：「完成了，這樣一定沒問題！」然而，拿去給主管過目後，他卻提出一大堆意見，讓自己的心情和動力都跌到谷底……

你是否曾有過上述的經驗呢？

和別人意見相左、不太認同對方的建議，但因為對象是主管，不得不遵從他的指示。

當你心想「我受夠了」，有一句有效的腦內獨白是：

「原來還有這種觀點，長知識了！」

每個人都戴著「主觀眼鏡」。

大家都是以「主觀」看待事物、思考並採取行動。

以B先生為例，他在主管的指示下，負責製作要給客戶的文件。

B先生認為這分文件要給人「信賴感」，所以盡量使用鄭重其事字詞，花心思將內文寫得嚴謹又可靠。

然而主管看了卻說：「內容讀起來好生硬，要改得更平易近人。」

該文字件的內容是基於B先生自身的考量撰寫而成，這讓他覺得自己的工作成果遭到否定，但是當他按照主管的吩咐，改用更平易近人的文字，完成後的文件也確實更貼近顧客。

「原來如此，親切感也很重要！這也是一種觀點。」

我們從出生起，便透過目前累積的各種經驗，將自己的思考方式和觀點模式化，建立起「某件事就應該如何」的信念和價值觀。

這在阿德勒心理學中稱為「**認知論**」，重點並不在於對或錯，而是每個人都戴著「主觀眼鏡」看待事物、思考和行動。

思維、價值觀、規矩……。當你感受到和別人的差異，大可不必浪費心力生氣、情緒低落或喪失動力。

這時，請回想「人都戴著主觀眼鏡」這點，用一句：「原來還有這種觀點，長知識了！」來應對，讓自己更有包容力。

☑ 你自己也是用「主觀眼鏡」看事情。

加分主義

受到批評時

與其氣餒：

「和他比起來，我真沒用！」

不如想：

「比較的對象是從前的自己。」

忍不住和某人比較時

別人的負面評價讓你很受傷？
尤其是在意的地方被拿來和別人比較，更是令人沮喪。
「和他比起來，我真沒用！」
遇到這種情況，有個有效的祕訣。
亦即將比較的對象從別人換成自己。

「比較的對象是從前的自己。」

請在腦海中默念這句話。
只要這樣做，心情就會神奇地好轉。
以下舉L小姐為例。

Ｌ小姐是個業務員，這陣子業績不佳，她明白必須想辦法改進。而主管也落井下石地說：

「妳最近都沒有拉到生意，看看人家Ｍ小姐做得有聲有色，妳不覺得自己的口才不夠好嗎？」

「和Ｍ小姐比起來，我拉生意的話術技巧確實沒那麼好。」

「或許是因為這樣，我沒能好好表達出商品的魅力。」

「話說回來，我搞不好也沒有掌握客戶的需求。」

「我很不擅長結束話題，推銷能力也很弱。」

像這樣，Ｌ小姐不停在腦海中替自己「扣分」。

正因為這樣，更應該想的是：「比較的對象是從前的自己。」

一把比較的對象從別人改成過去的自己，想法就會瞬間改變。

和以前相比，我現在能和初次見面的人侃侃而談，學會如何分析客戶的需求，而且營業額還是五年前的兩倍多。像這樣，逐漸替自己「加分」。

這一項有進步，那一項也變得更上手。一件件加總起來，就能給自己正面評價，提高自我肯定感。

若用「**加分主義**」來看自己，即使有人像前述那樣說你不如人，內心也不會受傷，「別人家的草皮比較綠」的情況也會減少，不會平白無故羨慕別人。

無論是被人拿去做比較而感到受傷，或是自認不如人而心情低落，請你務必要活用這句腦內獨白。

☑ **不要緊，你已有成長。**

對方很冷淡時

別著急地心想：

「他是不是在生我的氣？」

不如想：

「我要更仔細地觀察對方。」

外在冷淡，內心不一定也如此

和初次見面的人聊不太起來，對方回話很小聲，態度也不好親近。

「他該不會在生氣吧？」

「是我太無趣嗎？」

「他是不是對我沒興趣？」

你心裡會不會這樣懷疑呢？

但是，對方態度冷淡，不一定代表他的內心也是如此。

有一句腦內獨白能讓你察覺這一點：

「我要更仔細地觀察對方。」

然後，請實踐這句話。

以下是剛創業的H先生的故事。

H先生從以前就很崇拜創業家B。當得知在某場聚會上有機會見到B，便迫不及待前往。

H先生一見到B便立刻上前攀談，但B卻莫名冷淡，不但會回避視線交會，說話也很小聲、很簡短。即使H先生說出自己對他的崇拜，B也沒有露出特別開心的神色。

「我說話很無趣嗎？」

「他說不定其實不想理我。」

「繼續纏著他或許會造成他的困擾。」

H先生腦海中開啟了一連串的負面獨白，好不容易鼓起的勇氣漸漸消失。

這時，就可以使出「我要更仔細地觀察對方」這句話。

當H先生打算結束話題，別人也來向B攀談，這才發現B對其他人的回應也一樣冷淡，並非只針對自己。

接著，H先生試著進一步仔細觀察，便察覺B只是乍看之下不好親近，其實有可能是個很害羞的人。他確實話很少，但回答問題時切中核心，令人佩服。

在人際溝通上，我們不僅會聽別人說話的內容，還會下意識地觀察對方的態度、語氣、姿勢和肢體動作。這在心理學上稱為「**麥拉賓法則**」。

當別人態度冷淡，或是說話讓你不舒服，請回想「說出口的話不一定等於真心話」，並且更仔細地觀察對方。

☑ **你是不是誤會了別人呢？**

想迴避愛講道理的對象時

與其煩躁地想：

「我跟這個人無法溝通！」

不如想：

「別說自己想說的，

而是用對方的話回應！」

「鸚鵡學舌」能神奇地贏得信賴

當拚命傳達自己的想法，卻被別人用一堆大道理質疑你的想法沒有根據，或是毫無理由地認為你的想法不值一提，應該很難沉住氣吧？要是平時必須打交道的對象總是這樣對待你，你或許會想要避免和他交談。

遺憾的是，一樣米養百樣人，事實上，自己的想法很難傳達給別人。

這時，有個方法也許能夠打破艱難的現況。

亦即先暫時擱置自己想說的話，轉變想法為：

「用對方的話回應！」

N先生在職場上獲選為重大專案的團隊成員，他立刻撰寫了企劃書，卻被專案團隊的負責人冷冷地駁回，還說：

「以前早就試過同樣的做法，結果失敗了。」

「這些數據的說服力不夠。」

N先生不是不懂負責人想說什麼，但實際上有很多事情並不是憑道理就說得通，而且再這樣下去就無法挑戰新事物——N先生如此反駁，但沒能成功傳達自己的心情。

這樣一來，工作就沒有進展。為此抱頭煩惱的N先生決定改變和負責人的溝通方式。

負責人：「和上次比起來，集客率下降了兩成，很有可能是搞錯了目標客群。」

N先生：「所以您認為，集客率和上次相比下降了兩成，很有可能是搞錯了目標客群對吧？」

如上所示，他先不說自己的主張也不反駁，而是將負責人說的話複述一次。這個方法稱為「回溯」（backtracking），亦即鸚鵡學舌，能讓別人了解你有在聽他說話，容易博得信賴，使他安心。此外，站在對方的角度來看，他能夠藉此再次確認自己說過的話，進而察覺話中的矛盾或錯誤。

實際上，幾天後負責人第一次來請教N先生的意見。

當你已經受夠滿嘴大道理的人，請回想起「用對方的話回應」這句腦內獨白，並且試著在不發生衝突與巧妙閃避大道理的情況下，摸索能讓雙方互相理解的方法。

故意不提出自己的主張，有時反而會有好結果。

討厭別人多管閒事時

當你心想：
「我又沒有徵求你的意見！」

不如想：
「聽也好，不聽也好，坦率更好。」

要不要聽進去都由自己決定

別人的建言有時是能把自己救出困境的寶貴智慧，但有時也會讓人覺得自己的做法遭到否定，因而無法坦率接受對方的建言。

即使心裡明白對方是為自己好才提出建議，卻還是忍不住想要反駁時，請反覆思考以下這句腦內獨白。

「聽也好，不聽也好，坦率更好。」

也就是說，聽到建言的你有好幾個選項，並不是非得全盤接受不可。

請讓自己擺脫「必須接受建言」的主觀意識。

L先生的同事C雖然是個工作高手，卻會刻意在上班時望向L先生的電腦畫面，說：

「你這樣很沒效率耶！明明用快速鍵會比較輕鬆。」

「那件工作還有更好的做法，要我教你嗎？」

明明沒有拜託他，對方卻很愛插嘴。

C大概沒有惡意，但每次聽到他的建議，L先生總會覺得對方在否定自己「做事不得要領」和「工作能力差」。表面上L先生會照C所說的去做並感謝他，但其實心裡很不舒服。

某一天，C又對某個後輩的工作插嘴，但後輩只回答：「啊，是喔？」忽略C的建議。L先生正好目擊了這一幕。

這時，L先生才終於意識到，自己一直誤以為別人的建議非得接受不可。

這種心理稱為「**無意識偏見**」。

「有人給了意見就要虛心接受！」

「既然是前輩的指示，就應該照做！」

「下屬比主管更早下班是一件尷尬的事。」

諸如此類，我們往往會透過無意識的認知偏誤去下判斷或做事。

但是，只要想一想：「真是如此嗎？難道沒有別的辦法嗎？」就能替自己增加更多選項，擺脫既定觀念。

擺脫了之後，你或許會更容易聽進別人的建言，認為：「還是坦率接受建議對自己比較好！」

假如你覺得別人的話限制了自己的思考或行動，請在心裡默念：「聽也好，不聽也好，坦率更好。」藉此讓內心和思維都更有彈性，這樣做一定能找到突破口。

☑ **要讓自己有更多選項。**

歸屬感需求

聽到謊言或壞話時

與其覺得：
「虧我相信你，你居然背叛我？」

不如想：
「原來你是想要保護自己嗎？」

試著心想「他一定有什麼苦衷」

無論走到哪裡，都一定有人會說些你不想聽的話。

「對了，前陣子○○說你……」

像這樣，假如被他人告知自己的好朋友批評你，肯定會大受打擊。又或者是，當你發現自己信任的人其實在說謊，雙方的信任關係也會崩垮。

開始不信任對方、感到不安時，請試著默念這句腦內獨白：

「原來你是想要保護自己嗎？」

亦即試著和不安與恐懼感拉開距離，從不同的角度看待對方。

在外地生活的J先生很珍惜中學時期的籃球社隊友。直到現在，他只要返鄉就會和大家聚會，互相報告自己的近況。有一次，某個隊友告訴J先生：

「前陣子，D在說你的壞話，很過份吧？」

憤怒和悲傷的情緒使J先生眼前一黑，但他刻意轉換想法：

「原來你是想要保護自己嗎？」

J先生仔細詢問隊友，得知D說那些壞話時，他們正好在聊J先生結婚的事。

接著，J先生想起，D曾對自己結婚一事潑冷水，也曾在隊友接連結婚時對他自己的婚事感到著急。

人類具有「**歸屬感需求**」，想要待在安心的地方，想和人保持連結，想要被接納。努力不被周遭的人排擠，是我們人類自然的習性。

D或許只是不想失去自己的歸屬。雖然被D說壞話很難受，但J先生能理解D為什麼說那種話。儘管花了點時間，J先生和D之間的信任關係仍然一點一滴地恢復原樣。

我們在人生中會和各式各樣的人產生交集，面對他人的中傷和謊言，內心一定會因此被刺傷並感到難受，甚至產生憤怒感。

不過，別人之所以說那些壞話和謊言，或許是因為他一心不希望被別人排斥，下意識想要保護自己。這樣一想，即使難以原諒對方，受傷的心或許稍微得以療癒。

☑ **要斷絕關係隨時都行，不一定得是現在。**

262法則

面對合不來的對象時

當你不開心地想：

「真不想和那個人有瓜葛！」

不如想：

「相處只要順其自然就好。」

在十個人裡，必定有兩個人合不來

和誰都能談得來是最好，但實際上不會這麼順利。和某些人相處越久，越會覺得：

「我跟他水火不容！」

「我不想和那個人有瓜葛！」

若是硬逼自己和那些人來往，恐怕會讓內心疲憊不堪。而且，要是試著打好關係卻辦不到，就會不由得責怪自己。

這時，請試著默念這句腦內獨白：

「相處只要順其自然就好。」

R太太曾來參加我的溝通講座，當時她正在煩惱鄰居問題。她三年前終於買下心心念念的房子，和住家周遭大部分的家庭都保持剛剛好的距離感。

然而，只有鄰居A讓她覺得怎麼樣都談不來。

「妳兒子昨天很晚才回家，發生什麼事了嗎？」

「妳老公最近很沒精神，真令人擔心，妳最好和他談談！」

鄰居A老是對R太太說些令人不安的話，因此她很不想見到對方。可是鄰居是一輩子的，R太太根本無處可逃。

我如此告訴煩惱的R太太：

「十個人當中，有兩個人和妳志趣相投，六個人交情普通，剩下的兩個人怎麼樣都合不來。我想，鄰居A對妳來說肯定是『合不來』的人。」

這就稱為「**262法則**」。這時，R太太終於察覺她抱著「一定要和別人好好相處」的想法，把自己逼得太緊。

不管再怎麼努力，都一定有合不來的人，這樣也無妨。

這不是任何人的錯。

不須要硬是跟合不來的人打好關係。

不勉強和合不來的對象來往，相處只要順其自然就好，放過自己吧！

我當然不是說你可以不必努力和對方溝通，而是先改變看法，嘗試過各種溝通方法之後，若仍然覺得和對方水火不容，再放棄也不遲。

請先了解，有合不來的對象是理所當然的事。

☑ **無論再怎麼努力，仍然有無法打好關係的對象。**

看不慣別人任性的時候

當你心想：
「那個人老是我行我素！」

不如想：
「我或許也想自私一點。」

如何察覺自己的真心話

舉例來說，面對眼前的各種蛋糕，有人會率先搶走自己想吃的那一塊；分配到麻煩的差事時，有人會直接了當地拒絕，說：「我不想做！」

遇到這類忠於自己內心的人，你會不會覺得不太舒服呢？

你可能會想：「他怎麼這麼自私，完全不顧慮別人！」

當你認為別人的言行和態度很任性，覺得看不慣，請在腦海中默念：

「我或許也想自私一點。」

這或許是個察覺心聲的好機會。

有人說，人最不了解自己。人類是潛意識占九成的物種，我們對自己的真實感受其實意外地遲鈍。

當你開始討厭別人的言行，你真實的心聲很可能就隱藏在那裡。

M小姐負責教育新進員工K。K給人的第一印象是頭腦很好，做事也很俐落，但他進公司後三個月就變了。即使委託K做事，他也一副毫不抱歉地拒絕：「我辦不到。」

K不經思索就任性拒絕的態度讓M小姐很不舒服，她找同事A商量此事。A表示：

「K畢竟是菜鳥，妳就睜一隻眼閉一隻眼吧！」

「這是工作耶！怎麼能這麼任性？」

「M小姐，妳有時候應該也會想要仰賴別人，或是想要自私一點吧？」

這句話讓M小姐恍然大悟。

M小姐是三姊妹中的長女，總是要照顧兩個妹妹。或許是因為父母凡事都說：「妳是姊姊，不可以這麼任性！」因此，不仰賴別人並忍耐對她而言是天經地義。

這時，M小姐第一次察覺，自己心裡其實也想要耍任性和依賴別人。這種下意識中的自我，稱為「**內在小孩**」。

自己的心聲隱藏在潛意識下，很難察覺。當你對別人的舉止感到不悅，只要轉念心想：「我或許也想自私一點。」就能打開內心的「真心話感應器」。你或許會察覺隱藏在自己內心深處的任性，進而對別人的任性寬容一些。

☑ 你的內在也有個「任性小孩」。

不想再聽又臭又長的故事時

與其厭倦地想：
「這話題到底要延續到什麼時候？」

不如想：
「姑且換個情景，
保護自己吧！」

如何在不傷害別人的情況下保護自己？

湧現怒氣或想抱怨時，你會不會想要找人訴苦呢？

盡情吐了苦水之後，會覺得非常暢快吧？

但是對方會怎麼想呢？被迫聽你說個沒完是什麼心情呢？

只要立場對調就會知道了。

即使同情對方，但若對方滔滔不絕，讓你連回應的時間也沒有，肯定會覺得很煩吧。

假如有辦法在不讓對方感到不快的情況下，結束漫長的對話，就能避免自己也感到疲累。這時，不妨向自己提議：

「姑且換個情景，保護自己吧！」

對方一心想聊自己的事，讓人不敢打斷他。

這種經驗每個人應該都有，尤其是雙方很熟，交情越是深厚，往往會單方面說個不停。應該有很多人不想打壞和對方的關係，硬逼自己耐著性子聽下去。

O小姐也是其中一人。她的摯友B個性溫和、興趣也相同，所以兩人成了好朋友。兩人平時大多透過社群網路交流，但偶爾約出來見面時，B老是單方面說個沒完。由於B說「我只能找妳商量」，因此O小姐實在狠不下心拒絕見面。

感到困擾的O小姐，某次在聽B劈哩啪啦說個不停時去了洗手間。她以為B肯定等得很著急，連忙回到座位，但令人意外的是B顯得氣定神閒。

現在，O小姐已經能夠丟出想聊的話題，和人愉快對話了。

像這樣不解決壓力本身，而是換個情景來應變，稱為「**問題焦點因應**」（problem-focused coping）。

由於你是對方能放鬆相處的對象，所以對方才會單方面說個不停。他並沒有惡意，只是被情緒主導，因此沒有考慮到你的感受。整副精神都放在話題上的人，無法冷靜掌握狀況。

聆聽的一方雖然覺得困擾，但也明白對方是因為對象是自己才願意說，所以忍耐著不想傷害對方。

這時，不妨嘗試：「姑且換個情景，保護自己吧！」以生理需求為藉口很好用。只要去個洗手間，或是以口渴為由點個飲料來喝，情景一變動，人的心情也很容易跟著往不同方向變動。

☑以「抱歉，我去一下洗手間」而離席是個好方法。

話語的重新架構

當別人指出自己的缺點

與其沮喪地想：

「為什麼我這麼沒用？」

不如想：

「要怎麼換成正面的說法？」

優點與缺點是一體兩面

若你的個性有點優柔寡斷，別人會不會這樣說你呢？

「做事別拖拖拉拉！」

「你難道沒有自己的想法嗎？」

「請趕快下決定好嗎？」

當別人像這樣以高壓態度逼你做決定，會不會覺得不舒服呢？

「為什麼我這麼沒用呢？」

結果，你開始厭惡起老是無法當機立斷，不會迅速採取行動的自己。

這時，有效的腦內獨白是：

「要怎麼換成正面的說法？」

以下舉G先生為例。他從小無論做什麼，都會被師長和同儕嫌棄「動作太慢」。他想要改進這個缺點，也接受訓練，但是長大成人後依然沒有改善。

在日常生活中，大家或多或少還能接受他動作慢，但這在職場上終究是扣分，主管經常提醒他「做事要更有效率」，讓他一天到晚因自己的優柔寡斷感到沮喪。

這時，請在腦中默念：「要怎麼換成正面的話法？」並且思考看看。

「優柔寡斷」換句話說，不就是「做事謹慎」嗎？此外，也可以說是「細心」吧！實際上，G先生在工作上總是謹慎且細心，出錯率低，周遭的人都肯定這一點，很信任他。

如上所述，改變對事物的看法，稱為「**重新架構**」（Reframing）。

喜新厭舊→好奇心旺盛

急性子→果決、具有行動力

頑固→有毅力

粗枝大葉→不拘小節

如這些例子所示，只要改變對評語的看法，甚至能瞬間改變自我形象。若因為自己的缺點感到沮喪，就要了解自己其實只看到事物的單一面向，並進行「重新架構」。

☑ **能瞬間扭轉自我形象。**

第2章

湧現怒氣時

讓自己不生氣的「腦內獨白」

當你心頭亂糟糟地想：
「為什麼不順心？」

當你煩躁不堪

與其心浮氣躁地想：
「為什麼不順心？」

不如想：
「不妨好好款待自己！」

對於小小的煩心事，適時充電一下

明明沒特別做什麼事，卻為了一些小事感到心煩，莫名壓抑，甚至開始討厭起這樣的自己。

若是如此，一定是因為你累了。

因此，當煩躁到不行，無法掌控情緒，請對自己說：

「不妨好好款待自己！」

先不要去找憤怒或不滿的原因，也不要責備自己。現在該做的事情是款待自己。

M小姐無論工作或私生活都非常忙碌，忙到拒絕朋友的邀約，沒空去美髮沙龍，就連買新衣都不知道是多久前的事。最近這幾天，她終於每天能睡上三小時。

最極端的例子是公司的午餐會議，明明事先訂位了，卻因為店家的因素被迫等待二十分鐘。同事都覺得莫可奈何，但M小姐卻氣到對店長飆罵，接著又把矛頭指向訂位的職場後輩。進去店裡後，M小姐又嫌叉子不乾淨和飲料太慢送上，控制不住煩躁的情緒。

當菜上到最後一道，是她最愛但很久沒吃到的草莓塔，這才讓她意識到最近連悠閒享用甜點的時間都沒有。於是她終於能開心享受午餐，也能享受現場的鋼琴演奏。沉浸在這種款待的過程中，M小姐覺得自己被療癒了，浮躁的心情徹底煙消雲散。

如這個例子所示，透過吃美食和聽音樂讓自己放鬆以轉換心情，稱為「**情緒焦點因應**」（emotion-focused coping）。

若要因應浮躁的情緒，直接找出原因並解決它也是個方法，但當動怒的「沸點」太低，動不動就火大，多數情況就只是太累而已。只要消除疲勞，就能掌控怒氣。

身心俱疲時，人不但無法友善待人，還會自我厭惡，導致心情更糟糕。當察覺自己是因為疲憊而掌控不住情緒，不妨好好款待自己，試著改變自己置身的情況。人的心靈和身體都需要嘉獎。

☑ **若要保持心情平穩，精神和體力都不可或缺。**

不知道別人為何生氣時

與其困惑：

「他為什麼擺出那種態度？」

不如想：

「他那樣做的目的是什麼？」

尋找隱藏的「正向目的」

自己明明一如往常地對待他，對方卻突然發飆。你有沒有這種經驗呢？看到對方瞬間翻臉，連原因都不說就直接離席，實在覺得莫名其妙，不知如何是好。因為不知道原因，所以無從道歉。心想對方要是不爽大可直接說，結果現在搞得自己的心情也煩躁不已。

說到底，既然對方不說，我方也很難理解他到底為何生氣。因此，建議放棄尋找對方生氣的原因，轉念想一想：

「他那樣做的目的是什麼？」

將思考的方向轉往「行為的目的」或許會比較好。

C太太的丈夫不知道為什麼老是突然生氣。即使想要和他好好談，丈夫也只是沉默不語，反覆做出憤怒的舉動。C太太束手無策，連她自己都開始心煩。

既然丈夫不說，就無從探究原因。於是，C太太決定改為思考丈夫採取那些舉動的目的。

仔細一想，丈夫生氣時，多半是在自己晚下班的時候。疲憊地回到家，看到丈夫擺臭臉，自然心情也跟著變差，陷入惡性循環。想到這裡，C太太發覺最近聯絡丈夫時幾乎都說自己會晚歸，要他自己外食，沒餘力親自為他下廚。因此，她便在有可能晚歸的日子，事先準備好親手捏製的飯糰和配料較多的味噌湯，當作簡單的宵夜給丈夫吃。另外，她還會在丈夫回到家時打電話給他，稍微閒聊幾分鐘。

結果，當C太太回到家，丈夫就顯得極為平常，宵夜吃完且餐盤都洗好了，甚至還自己準備了簡單的配菜。

當C太太開始用餐，丈夫也跑來桌邊，兩人開心地談天。

我們的行為舉止都有正向的目的。根據「**目的論**」（teleology），人會為了這個正向目的採取行動。

丈夫的行為乍看之下或許不成熟，但確實有正向目的，亦即「珍惜兩人相處的時光」。

人們遇到問題、煩惱或感到迷惘時，往往會忍不住探究原因。抱著這種負面思考，即使找到原因，仍有剩下課題必須去解決。

與其如此，只要知道某個舉止背後隱藏的正向目的，就只要思考能實現它的方法即可，這麼做會更容易找出解決的契機。

☑ 一味道歉有時無法解決事情。

原生情緒

不由得湧上怒氣時

當你心想：
「實在太生氣了！」

不妨回想：
「我生氣之前在想什麼？」

是什麼點燃了怒氣導火線？

被心情不好的人遷怒，或是明明按照指示做事，卻被下指示的人刁難。我想應該很多人都曾經為這種不合理的事動怒。

人類是情緒生物，無法對莫名其妙的言行或態度保持冷靜，壓抑不住怒氣也是正常的。

但是，我們不能老是抱著怒氣不放。為了過回平靜的日子，請問自己：

「我生氣之前在想什麼？」

當明白是什麼情緒使你動怒，就能得知自己真正的心聲。

單身的B小姐住在老家。

她的父親在三個月前因中風而造成身體麻痺，B小姐不得不照護父親。母親也因病反覆住院，弟弟住在遙遠的外地，無法仰仗。

無法行動自如的父親累積了壓力，開始對B小姐冷言冷語。一天中好幾次叫B小姐過去，嫌棄她不擅長整理，還靠自己的年金吃飯云云。

B小姐原本對此左耳進右耳出，但到了某天，忍耐終於到了極限，她對父親怒吼：「我再也不照顧你了！」並衝出家門。

然而，當她冷靜下來，發現自己仍然很在乎父親。

於是，她開始思考：「我生氣之前在想什麼？」

B小姐對於父親那不講理的態度感到「悲傷」。此外，還對初次照護家人的工作落在自己一人身上感到「不安」和「不滿」。

這些情緒累積起來，最後以怒氣的形式爆發。

以B小姐的例子而言，「憤怒」是次級情緒，引發怒氣的是最初的情緒，包括悲傷、不安、不滿、痛苦、後悔、失落、困惑與恐懼等，這些稱為「原生情緒」（Primary emotions）。

了解原生情緒後，就知道自己真正在想的事情是什麼，以及該從哪裡解決起才能擺脫憤怒。B小姐覺察自己的「悲傷」「不安」和「不滿」，才發覺自己過度將照護工作全攬在了身上。

此外，面對蠻不講理地將情緒發洩在自己身上的父親，B小姐了解到他也有「空虛」「不安」和「失落」等原生情緒。

不要將怒氣放置不管，而是察覺背後隱藏的自我心聲。做到這一點，才能真正找到助你一臂之力的解決方法。

☑ 有時候，動怒能讓你察覺自己的真心話。

想傳達的事物傳遞不出去時

與其不滿：
「你為什麼就是不懂？」

不如想：
「或許只是方法不對？」

如何因應不理解的人

為了讓別人更容易聽懂而依序描述，為了讓人更好消化大量資訊而費心製作文件，結果還是被人嫌棄「有點難懂」，甚至被要求「多整理一下再拿來」。你是否有過這種經驗呢？

你可能會煩躁地想，我都已經用盡方法了，真的不知道還能怎麼辦。很想乾脆放棄傳達，但對方若是主管或重要的大客戶，就不能這樣做。

當你得不到對方的理解而感到不滿，有一句腦內獨白能讓你找到解決的出口：

「或許只是方法不對？」

要傳達事物時，不是採用自己擅長的方法，而是選用對方容易理解的方法。

某天，N先生一大早就心神不寧，因為課長在上次開會時以「過於主觀，沒有根據」否決他的企劃案。於是他閱讀了龐大的資料，列出充分的憑據重新製作企劃書，預計在今天的會議上再次提案。

結果是輕鬆通過。然而，這次卻輪到部長提出異議，要N先生在執行之前，先將難懂的企劃書重寫一遍。

N先生對企劃書的內容很有自信，再加上課長也給予高度好評，讓N先生很氣惱地心想：「為什麼部長就是看不懂呢？」他忍不住向同事吐苦水，同事大致瀏覽了企劃書後說：

「內容是很充實沒錯，但字數太多了，很難瞬間吸收。」

經同事這麼一說，N先生覺得有道理，那分企劃書雖然有憑有據，理論也很充分，但是沒有圖表，視覺上並不一目了然。仔細想想，部長確實沒說內容不好。

人類具有五感，但並不是全部都會用上。就像慣用手有所不同，每個人擅用的優先感官也不一樣。

這可以分為視覺、聽覺和感覺三種模式，在神經語言學中稱為「VAK感知系統」。

視覺（V）：擅長接收視覺資訊，頭腦轉得很快，能靠影像想像。

聽覺（A）：擅長接收聽覺資訊，注重理論以及用字遣詞。

觸覺（K）：擅長接收觸覺資訊，重視直覺，不擅長文字化。

換句話說，部長是視覺型，課長是聽覺型，N先生則是觸覺型。由於每個人的優先感官不同，所以必須分別使用不同的表達方式。

先別為了溝通不順而心煩，而是想一想「或許只是方法不對」，並進一步花心思選擇表達方式，如此或許就能找到突破口。

☑ **每個人各有各的「感知電波」。**

貼標籤

當你對某人大失所望

與其下定論：

「這個人果然沒救了！」

不如想：

「我該不會幫他貼了標籤？」

你是否誤以為自己很懂對方？

下屬態度不認真、不能仰賴。同事經常跑去抽菸摸魚。主管對你的失誤吹毛求疵。當身邊有這幾種人，你會不會為了工作遲遲沒進度而湧現怒氣呢？

但是，他們真的是無藥可救的人嗎？說到底，你對他們的印象真的正確嗎？

當某人的言行違背了你的期望，令你難以接受，請用下面這句腦內獨白問自己：

「我該不會幫他貼了標籤？」

有時候，可能只是你擅自下了「對方就是這種人」的定論。

L太太長年對丈夫感到不滿，因為他上班上到很晚，薪水卻很低，家庭收支總是入不敷出，就連家事也是偶爾才會幫忙做。即使向丈夫商量，他也只會回應：「有什麼辦法？」是個靠不住的廢柴。

當他們的獨生女即將就讀理工大學，因家庭經濟並不寬裕，籌不出學費。為此煩惱而疲於奔命的L太太心想即使對廢柴求助也沒有用，但還是隨口對丈夫抱怨了一句：「你說該怎麼辦？」結果，丈夫拿出一本存摺，要太太拿去用。一問之下，丈夫才說他料想到未來一定會須要用錢，下班後還去居酒屋打工，辛勤地存了這筆錢。之所以晚歸和累到無法做家事，都是因為這個緣故。

L太太很疑惑為什麼丈夫都沒提起這些事，原因是她在兼職維持家庭生計的同時還要照顧家人，丈夫不想再多增加她的心理負擔，所以沒說。L太太心想，或許是因為自己先斷定丈夫是廢柴，所以沒有發覺他偷偷存錢。她這才領悟到，丈夫其實是個很有愛且值得仰賴的人。

如這個例子所示所示，在沒有真憑實據的情況下對某個人事物下判斷，這種行為稱為「**貼標籤**」。

提到負面標籤，例子有靠不住、易怒、優柔寡斷、膽小、悲觀、無能等，這樣的偏見很有可能是單方面武斷地批評對方。

簡單來說，這樣恐怕會嚴重誤會對方的人品，做出錯誤的評判。

當你對某人產生壞印象，更要自問自答：「我該不會幫他貼了標籤？」這樣子，或許能在造成嚴重的誤會之前，抓到機會確實看清對方的真實樣貌。

☑ 此外，還要小心過於樂觀的評斷。

當你氣到難以遏止

當你發火
想要發洩不滿……

不如想：
「我現在的怒氣值
是多少？」

在氣頭上撫平怒氣的方法

你會不會覺得「怒氣」也分成好幾個等級呢？

小小的不悅、想說句話酸回去、氣到腦充血，當場破口大罵，這幾種不同的程度。有時候憤怒到難以克制，可說是一肚子火。

可是，一旦任由怒氣爆發，向對方抱怨或飆罵，可能也會後悔自己做得太過火了。如果有方法能夠恢復冷靜，自己往後的行為和對事物的看法也會大幅轉變。

當你難以掌控怒氣，建議可以先想這句腦內獨白：

「我現在的怒氣值是多少？」

先暫且接納自己生氣的事實，然後為這股怒氣評分。

某天，J太太一如往常在超市排隊結帳時，有個老先生插了隊。

J太太說：「不好意思，可以請你不要插隊嗎？」但老先生假裝沒聽見。當她再次勸阻對方，老先生竟然惱羞成怒地嫌她囉唆。這時J太太終究還是生氣了，強硬地說：「誰叫你要插隊！」老先生這才乖乖重新排隊。然而，J太太的怒氣沒有平息，仍然覺得很不能接受。

她回家後向丈夫抱怨這件事，丈夫說：

「那真的很氣人呢！假如怒氣的最大值是十分，妳現在的怒氣值是幾分呢？我聽說可以這樣做，妳要試試看嗎？」

丈夫這句話，讓J太太稍微冷靜下來了。

被插隊雖然讓她很生氣，但當時她並不趕時間。老先生雖然態度不佳，但最後還是乖乖從隊伍最後面排起了。J太太心想：「雖然很火大，但實際上損害不大，怒氣值大約七分吧！」

人生氣時，怒氣會在最初的六秒鐘內達到高峰。與其一時氣不過衝動行事而後悔，不妨捫心自問：「我現在的怒氣值是多少？」藉此將怒氣數值化，安排一小段緩衝時間。這樣做將能轉移注意力，思考自己為什麼發怒。像這樣掌控怒氣的方法就稱為「**憤怒管理**」。

若在最初的六秒內能巧妙控制住怒氣，就能在不打壞人際關係的情況下面對憤怒，找到解決的良方。

☑ **只要六秒鐘，就有可能擺脫怒氣。**

無法原諒某人時

當你不爽：

「他那是什麼態度！」

不如想：

「假如我雙方都支持，會說些什麼？」

試著站在雙方都支持的視角

人際關係中的衝突不只會發生在合不來或討厭的對象身上，在雙方感情很好、興趣相投時，反而更常因為意見稍微相左而關係破裂。

當無法接受對方的言行和論點，不妨思考：

「假如我雙方都支持，會說些什麼？」

要不要藉由這句腦內獨白，找出雙方之間的妥協點呢？

R太太與丈夫是頂客族，夫妻倆在幾年前聯手創立並經營公司，雙方相敬如賓，在他們自己和別人眼中都是很恩愛的夫妻。

但其實，R太太一直不能接受家事只有自己在做，尤其是工作忙碌、非常疲倦時，R太太更是對現況感到不滿。某天早上，當她忙著做家務，丈夫卻優雅地在喝咖啡，她忍不住一吐怨氣：「你至少幫我倒個垃圾吧！為什麼家事都是我在做？」結果丈夫回答：「我還以為家事是妳負責，養家、繳保險費和管理公司資金是我負責。」R太太這才發覺，丈夫除了平時總是工作到很晚才回家之外，還有在處理其他瑣事。

當想要找出積極的對策來解決人際關係，我建議你試著從別人的視角出發。在心理學中，站在對方的立場來改變觀點和想法稱為「**換位思考**」。這個方法原本是以在物理上更動位置的方式進行，請應用這個方法，在心裡換位思考一下。

你可以站在下面四個角度看事情。

①站在自己的視角，思考自己的想法。
②站在對方的視角，思考他的感受和立場。
③站在第三者的視角，俯瞰自己和對方的觀點與感受。
④站在客觀的視角，以雙邊都支持為前提，考量自己和對方的感受，找出雙方的共識。

站在③的角度來看，R太太夫妻是雙方互相分擔與支持，但是，他們兩人對各自分擔的事務沒有共通的認知，還缺乏溝通來確認彼此當下的感受。

這時，④的視角很重要。站在「假如我雙方都支持，會說些什麼？」的觀點，就能平息自己對丈夫的怒氣，找出有建設性的妥協點或解方，例如「家裡的事要互相幫忙」「不要一個人全擔，應該儘快求助」等。像這樣站在雙方都支持的視角，試著找出解決對策，或許就能從全新的觀點看清全局。

☑ 要找出有建設性的妥協點和解決方案。

安撫（Stroke）

受夠任性的情人時

與其和對方爭吵：

「別造成我的困擾！」

不如說：

「我有在觀察你喔！」

當情人做出令你皺眉的舉止，請試著分析

情人原本溫柔體貼，不知為何最近老是說些讓你困擾的話。你是否曾為了對方態度驟變而困惑呢？

偶爾這樣還能忍受，但是當次數一多，就會開始煩躁。

這時，對方或許有各種可能的隱情，但大多數情況下，你只要稍微花點心思就能改善情況。

當你已經厭倦情人一直給自己找麻煩，請試著想這句腦內獨白：

送出「我有在觀察你喔！」的訊號

這樣做，或許就能理解對方讓你困擾的目的。

H小姐最近開始和男友同居，回到家就能見到他感到很開心。

當他們同居即將滿三個月，男友卻突然變得很奇怪，一下子說鑰匙弄丟了，一下子說考慮辭職，甚至還說他胃痛，要H小姐帶他去醫院。

可是，鑰匙根本就沒有弄丟，男友也沒有想要轉職的跡象。當H小姐說：「我沒時間陪你，你自己一個人去看醫生吧！」男友的肚子馬上就不痛了。對於男友這種故意找麻煩的態度，H小姐越來越不耐煩。

某天，男友在沒有聯絡的情況下，過了三更半夜才回家，而且還喝得爛醉。理智斷線的H小姐痛罵他，他才終於吐露：「我好寂寞！」

H小姐對同居生活感到充實，但男友卻非如此，從剛開始同居時，就一直過著回到家沒有半個人在，自己一個人吃飯的生活。

H小姐這才發覺，自己冷落了男友。

後來，H小姐決定早晚都留時間和他擁抱，面帶笑容聽他說話，透過態度和言行來傳達對男友的重視。男友似乎因此穩定下來，不再做出讓H小姐困擾的事。

傳遞出「我有在觀察你，肯定你的存在。」這種訊息，稱為「安撫」（Stroke）。

一般人都會渴望收到微笑或問候等正面安撫，但當一個人過於缺乏安撫，就連瞪視、貶低、瞧不起這些負面安撫都會想要。

故意找你麻煩，或許是對方正在發出「安撫不足」的警示。這時，請傳送「我有在觀察你喔」的訊號，讓對方安心。

☑你是否少做了「愛的表現」？

第3章

感到後悔時

讓人變得正面積極的「腦內獨白」

與其氣餒地想：
「我沒能做到完美……」

自我評價變差時

與其對自己失望：

「我沒能做到完美……」

不如想：

「六十分就很棒了！」

人做不到十全十美是常態

我們不喜歡出錯，如果可以，希望不要失敗，既然要做就要完美，為此拚命努力，但當然也有不順利的時候，對沒能辦到的自己感到失望。

完美主義不是壞事，但人類無法每次都做到百分之百成功，即使是機器人也會出現誤差。要是以十全十美當標準，結果就是對自己的評價會變差。

當開始討厭做不好的自己，請用這句腦內獨白為自己加油。

「六十分就很棒了！」

只要將及格標準從一百分降到六十分，就能肯定自己過去的努力。

S先生從求學時期就很優秀，不但成績好，還擔任學生會幹部和社團的社長。凡事都要做到完美是他的座右銘。

他畢業後進入服飾公司工作，很快就當上熱門分店的店長。責任感強烈的S先生每天都努力做得更完美。

然而，最近這陣子，分店的銷售額不斷下跌。根據S先生的分析，他認為店員的待客之道還有改善空間，便拚上全力指導職員，但仍然不見改善。感到焦急的S先生某天聽到職員們抱怨：

「店長太過追求完美了，我已經很努力了耶！」

這時，S先生才明白，是自己的完美主義讓員工喪失自信。後來，他將及格標準重新設定為六十分，並且以：「六十分就很棒了！」的眼光來看待旁人，也對店員們這樣說，積極給予他們正面評價。結果，店員們的表情開始有了光彩，進而對營業額帶來正面影響。此外，S先生自己也因為抱著六十分就及格的想法，不再對每天的營業額忽喜忽憂，能夠以長遠的眼光來看待。

不追求一百分，六十分就及格的觀念稱為「六成主義」。有責任感固然重要，但要是極端追求完美，就會把自己和旁人逼入絕境。

這麼一來，自我肯定感將會一落千丈。與其如此，抱著「六十分就很棒了」的態度寬容以對，往往比較會得到更好的結果。

即使不完美，仍然肯定自己付出的努力，未來會更有幹勁和行動力。

☑剩下的四成之後再克服即可。

Yes, but法則

碰壁的時候

與其原地踏步：
「已經走到山窮水盡了！」

不如想：
「要怎麼做才能成功？」

從「Yes, but」轉念為「Yes, how?」

提起勇氣去做想做的事是一件很棒的事，至於去做之後是否能如計畫開花結果，這就難說了。有時候可能會碰壁，做得不順利而走到山窮水盡，讓人後悔地想：「早知道就不做了！」

當為現況不如預期所苦，有一句腦內獨白是：

「要怎麼做，才能辦到？」

請用這句話，重新啟動一度停止的思路和行動。在你尋找「辦不到」的藉口之前，先尋找「能辦到」的事。

T太太很擅長裁縫，當子女長大後，她便開始做手工藝品，實現長年以來的夢想。她透過網路接訂單和販售作品，沒想到買家比想像中還多。然而，她只開心了一下子，因為太過忙碌，連做家事的時間都不夠，導致家裡越來越亂，就連原本支持她的丈夫也不太開心。

儘管實現了夢想，卻一點也不快樂。她想兼顧工作和家事，卻覺得快要撐不下去。她不認為自己來得及交貨，沒時間回覆訂購信，甚至沒空親自做菜給孩子吃，連洗好的衣服都沒時間摺。

這時，T太太滿腦子都在想「辦不到」的理由。

有時候，一件事情表面上似乎無解，但也可能只是當事人在替「辦不到」找藉口，這稱為「Yes, but 法則」，心裡反覆在想「好，但是……」完全沒有向前邁進。當你出現「Yes, but」的念頭，請暫且接納它，但也要有意識地將它代換為「Yes, how?」簡單來說，就是思考：「好，要怎麼做才能辦到？」

我將這個方法告訴T太太，她那卡在「辦不到」的思緒便開始轉動。首先，她延後交貨期限，並且請集貨業者在指定日期到府收貨，以便統一配送。然後，她將訂購信設定為自動回覆，衣服由她晾，至於收和摺則是每個人各自負責。

做出新嘗試卻碰壁，感到痛苦或難過時，往往會開始找一堆辦不到的理由，但真實心聲其實是想要巧妙避開艱難的現況，但是那種能夠完美解決問題的神奇解方並不多。

重要的是，別否定「辦不到」的自己，而是接納自己，並努力尋找似乎能辦到的小事。只要不斷定自己辦不到，就會察覺還有很多事情能辦到。

☑ 累積小小的巧思就能辦到。

後設模式・省略

自我肯定感降低時

與其煩惱：

「我果然很沒用！」

不如想：

「具體來說，

我哪裡沒用？」

察覺自己並非無用的方法

出錯或失敗時，你會不會沮喪地心想：

「我果然很沒用」呢？

假如你曾經浮現這句悲傷的腦內獨白，請立刻封印它，因為它會讓你逐漸失去自信。

出錯或失敗確實不好，最好不要遇到，但出錯或失敗不等於你這個人沒用。察覺到這一點很重要。

開始貶低自己的價值時，就輪到這句腦內獨白出場：

「具體來說，我哪裡沒用？」

沒有經過具體驗證，卻下意識認定自己沒用時，就要將這種思考模式轉換成這句腦內獨白。

U太太被很愛操心的母親拉拔長大，她並沒有被母親嚴厲對待或放任，反而還受到深厚的支持。然而她母親的口頭禪是：「妳這孩子真沒用啊！」

這句話不是責罵，意思比較像是「真拿妳這孩子沒辦法」，但在長大成人後的U太太心中，依然根深蒂固地留有「我很沒用」這種類似罪惡感的觀念。

舉例來說，當U太太在工作上被糾正，她就會非常沮喪，認為自己果然很沒用。就連在家時，她也厭惡起做不好家事的自己，心情憂鬱。

某天，U太太不小心讓鍋子燒焦了。當她一如往常地進入「我很沒用」模式，丈夫笑著說：「只是稍微燒焦而已，沒什麼大不了的吧？」

我們在日常生活中會下意識省略許多詞彙。

例如是誰、何時、在哪裡、對誰、做了什麼等資訊，或是省略評價和判斷標準等具體事實，這稱為**「後設模式」（Meta model）的省略**。

如此一來，就會將非事實認定為事實。尤其是「我很沒用」這種負面認知，要是沒有花心思驗證真偽，就很難察覺自己誤會了，結果便是像U太太這樣維持在「我很沒用」模式，自我肯定感一落千丈。

我要再度強調，是出錯或失敗本身不好，不是自己不好。只要用一句「具體來說，我哪裡沒用？」來尋找明確的事實根據，就能立刻明白。請思考具體的根據，藉此養成客觀看待自己與其他事物的習慣。

出錯就是出錯，既不是更多也不是更少。

努力沒獲得回報時

若惋惜：
「我都這麼努力了，卻還是不順利！」

不如想：
「拉遠距離看自己！」

你的眼界是不是變小了？

即使每天積極過生活，用盡全力努力，人生也不一定會順遂。若你自認比別人加倍努力，工作卻依然不順利，或是人際關係出現問題，就會覺得先前的努力白費了而感到空虛。

我這麼努力，卻沒獲得回報。

對自己的人生感到悲觀，內心受挫時，要不要暫且拉開距離觀察自己呢？

「拉遠距離看自己！」

你是自己人生的主角，若能從「製作人」的視角，從遠處客觀檢視自己，將能拓展眼界。

T女士如願當上護理長之後，可說是卯足全力。在工作上贏得信賴，還百般努力，想讓年輕人學習護理師應有的樣子。

然而，她上任才半年，離職的護理師就多達五人，但她從來不曾嚴厲對待下屬，也不曾在工作上摸魚。這讓T女士束手無策，心想：「我明明這麼拚，事情卻不如意。」

某天，當T女士一如往常在加班，其他護理師對她說：

「阿長，請妳回去吧！妳一直加班，大家都不敢下班。」

這句話讓T女士很意外，也因為這句話，她得以客觀檢視自己，了解到自己的行為帶給旁人什麼樣的影響。

舉例來說，當T女士待在第一線的時間太長，就會形成指揮官不在的情況。此外，當她犧牲自己的休息時間用來工作，其他護理師也不敢休息。她的舉止與其說是護理長，不如說更像普通護理師，所以才會出現弊病。後來，T女士在做事時盡量意識到自己身為護理長的身分，便成功改善了職場環境與人際關係。

如上所述，客觀掌握自己的行為，並加以調控，稱為「**後設認知**」。

當一個人過度埋頭於眼前的事，會導致眼界變小。努力當然不是壞事，只要方向和方法正確就沒有問題。為了不搞錯這兩點，我們必須當自己的「製作人」，站在客觀的視角看待自己，綜觀自己身處的全局，就能找到不讓努力白費的方法。

當事情不順遂，不一定是某人或什麼地方出了大錯，很多時候都只是因為螺絲稍微鬆了。只要做個小小的修正就大獲成功，這種情況其實並不少見。

稍微拉開距離，從遠處看自己。

目的論

後悔事情不該如此時

與其後悔：
「事情為什麼會這樣？」

不如想：
「我之所以這樣做，
是為了什麼？」

如何獲得理想的幸福未來

有句話說：「三分鐘熱度。」即使抱著強烈的意志開始做某件事，要持之以恆卻不是件容易的事。有時候，明明拚命持續去做了，卻沒有得到理想的結果，就會忍不住心想：

「為什麼事情會變成這樣？」

「結果不應該是這樣啊！」

明明朝著更好的未來前進，為此做出決定並採取行動，但抵達的終點卻和想像中不一樣，這是一件令人哀傷的事。

當你對結果感到困惑，心想：「事情不該是這樣的！」請你對自己說以下這句腦內獨白：

「我之所以這樣做，是為了什麼？」

這句話是要再次確認自己的目標，讓你未來不再迷路。

G太太為了產後身材走樣而煩惱。

「我要瘦下來，找回自信，打從心底享受穿漂亮衣服的樂趣！」

下定決心後，她便開始減重。儘管經歷了體重停滯不減的時期，她也絕不放棄，持續運動和控制飲食，最後順利將體重減到目標數字，如願享受了打扮的樂趣。

減重成功的G太太收到大量詢問，親朋好友都以羨慕的眼光問她究竟是怎麼瘦下來的。而她在給予別人建議的過程中，開始產生「我還要變得更瘦才行」的想法，於是不敢停止減重。

那陣子，大家不僅沒稱讚「妳瘦了，變漂亮了」，反而說：「妳看起來不太健康，還好嗎？」G太太變得沒有食慾，身體也無力。就算遇到喜歡的衣服，穿起來也鬆鬆垮垮不好看，鏡子中的自己臉上皺紋好明顯。G太太後悔了：「事情不該是這樣的！」

於是，她回顧自己的初衷：

「我之所以減重是為了什麼？」

她終於回想起，自己原本的目的是為了找回自信，享受穿搭。從此，G太太停止過度減重，保持飲食均衡，也會做伸展操，開始努力將體重維持在適當範圍。

我在第六十頁那一節提過，我們現在採取的行為舉止都有目的，這稱為「**目的論**」。反過來想，只要確定自己的目的是什麼，就能更容易抵達快樂的未來。

自己是為了達成什麼目標，才採取現在的行動呢？請想像在路途的彼端插了一面代表目的地的旗幟。

當你覺得現況和以前描繪的快樂未來有出入，請回想：「我之所以這樣做，是為了什麼？」藉此重新確認目標，將來就不會再後悔。

☑ **只要確定目的地，要修正路徑就不難。**

重視過程

無法更加努力時

與其逼迫自己：

「半途而廢太丟臉了！」

不如想：

「到目前為止，
我辦到了多少事？」

為了不厭惡沒拿出成果的自己

無論是誰，在努力挑戰之後，都可能沒有做出成果。

一旦決定要做就貫徹始終是一件很棒的事，但要是逼迫自己非得撐到最後不可，人生將會變得很痛苦，這是本末倒置。

「半途而廢太丟臉了！」

你大可不必這樣責怪自己。即使無法貫徹始終，也請你捫心自問：

「到目前為止，我辦到了多少事？」

即使半途而廢，曾經挑戰過依然具有意義。在這一路走來的過程中，你一定能找到珍貴的事物。

W太太從小就夢想成為美髮師，但因經濟問題，選擇直接就業而沒有繼續升學。後來她結婚生子，每天都忙於家事和育兒，卻依然沒有忘記成為美髮師的夢想。

於是，當孩子不再須要人照顧，她便和丈夫商量，想要就讀美髮學校。丈夫鼓勵她：「妳就去挑戰看看吧！」

W太太順利入學，直到學習基礎技能為止都很順利，但進入實作後卻碰到意想不到的情況。她的指尖龜裂到會滲血，連剪刀都沒辦法拿。儘管她會戴手套來因應，仍然演變成嚴重的皮膚問題。

W太太其實想過要放棄，但她覺得一旦決定的事就得貫徹到最後，將自己逼入絕境，連健康都亮起紅燈。W太太感受到極限，便向丈夫討論，結果他安慰地說：「妳的努力我都看在眼裡，妳做得很好！」

W太太聽後感動得熱淚盈眶。若單看結果，她的夢想是破滅了沒錯，但當她回顧一路走來的過程，便察覺自己的成就感凌駕於後悔，而且還充滿了丈夫支持自己的幸福感。

我們面對任何事往往都很重視結果，認為付出辛勞後做出成果才有價值。這一點確實沒錯，但其實努力的過程中也有許多收穫，學到新東西，就能在將來派上用場。

提起勇氣踏出一步之後，即使在途中發現「這和想像中不一樣」而放棄，也絕對不是錯事。

當你被罪惡感和後悔的心情苛責，請試著將想法轉換為「**重視過程**」，問自己：「到目前為止，我辦到了多少事？」

這樣子，你應該就會發現，自己所做的挑戰絕非白費。

☑ **無論結果成敗，所有的挑戰都有價值。**

正念

忍不住想東想西時

當你分心在想：
「我還有這個和那個要做！」

不如想：
「那個和這個都好令人在意，
到此為止！」

無法專心做事時的重設方法

我們每天從起床到睡覺為止都有很多事要做，無論是工作、家庭或休閒娛樂，你會不會接連想著：「那件事要提前準備才行！」「糟糕，我忘了這個！」因而感到焦躁呢？當你陷入想東想西的連鎖反應，就無法專心做眼前的事。在意一大堆事情，思緒停不下來時，建議你用這句腦內獨白，替思緒劃下句點：

「那個和這個都好令人在意，到此為止！」

透過這個方法，暫時停止思考，將所有雜念都放在一旁。清空亂七八糟的腦海，讓焦慮等負面情緒冷靜下來。

新冠肺炎疫情使K太太的工作模式變成居家上班，和以往不同的工作模式讓她很困惑。在辦公室裡一句話就能解決的事，變成必須逐一寫電子郵件來確認。她不僅每天都收到大量信件，若有人交代「這件事改天還要再確認」，她就會覺得下班時間過後還有事情沒做完而感到焦躁。

此外，還有家人的問題。她明明在工作，丈夫和女兒卻來問：「今天吃什麼？」「媽媽，這個啊……」當她接連應付這些事，無論工作或家事都變得半吊子，一下想這個，一下想那個，讓她疲累不堪。

某天，當她疲累不已，一邊喝咖啡一邊看電腦時，女兒說：

「媽媽，妳怎麼連一杯咖啡都沒辦法慢慢品嘗呢？」

她這才察覺自己明明是為了轉換心情才泡咖啡，卻一點也沒有享受到。

我們表面上是活在當下，但其實腦袋在思考過去和未來，心中想的事情和眼前的事物完全無關。「心不在焉」的狀態占據了許多時間。如前面的例子所示，若無法專注在當下，不安和壓力就會增大。據說，生活在「一心多用社會」和資訊爆炸時代的我們，一天中有將近一半的時間都心不在焉。

若發現自己不專心，請用「那個和這個都好令人在意，到此為止！」的腦內獨白來清空雜念。「**正念**」是指脫離心不在焉的狀態，將注意力集中在當下。

將思緒集中在現在這一刻，不僅能夠避免被天外飛來的雜念打擾，還能讓自己避免因胡思亂想而感到焦慮、低落。巧妙地將思緒劃上分界線，總之先放在一旁再說。

須要思考的事，等時機到了再思考就好。

只要這樣做，就能擺脫不必要的焦慮和不安。

☑ **專注在此時、此地和自己。**

焦點化原則

為自己的選擇感到後悔時

與其迷惘：

「這樣子真的沒問題嗎？」

不如想：

「我做了這個選擇，

有什麼好處？」

人無法同時思考好處和壞處

人生有各式各樣的分叉路，包括升學、求職和成家。站在叉路前時，不可能知道接下來要選擇的路是不是最好的。

即使當下自認選了最好的路，但未來說不定會後悔地想：

「我的選擇真的沒問題嗎？」

「會不會還有更幸福的選項？」

假如你開始對自己選擇的人生感到悲觀，請捫心自問：

「我做了這個選擇，有什麼好處？」

透過這句腦內獨白，將能有意識地將集中在壞事上的焦點轉向好事。

F太太結婚滿十五年，夫妻感情很好，膝下也有子女，過著幸福的生活。然而，這陣子丈夫遭到裁員，很難找到新工作。隨著丈夫越來越常悶悶不樂，F太太的壓力也越來越大。

這時，她收到同學會的通知，想著可以轉換心情就去參加了，結果在同學會上和舊情人重逢。他和以前一樣溫柔，談起事業的模樣，在F太太眼中顯得格外神采奕奕。

「要是當初和他結婚就好了」的想法閃過腦海。那樣一來，自己就不會像現在這樣壓力大，說不定還能過著與無憂無慮的生活。回到家後，她那些毫無根據的想像依然沒有停止，對生活感到疲倦的F太太開始後悔和丈夫結婚。這時，她突然思考：

「相反地，選擇和丈夫結婚有什麼好處嗎？」

答案接連浮現。截至目前，丈夫為了這個家庭努力工作，沒有半句怨言，現在也努力重新找工作。她生產和育兒時，丈夫也在一旁協助。每到她生日，丈夫從來沒忘記送禮物。現在想想，和丈夫的婚姻生活中，滿滿都是自己想要的幸福。

人在自問自答時，無法同時找出優點和缺點。舉例來說，若自問：「為什麼失敗了？」思考的焦點就會放在許多失敗的原因和自己的行為上，不斷冒出負面的答案，這稱為「**焦點化原**

則」。將焦點放在壞事上，就只想得到壞事；若將焦點放在正面積極的方向，就能想到一大堆好事。視你將焦點放在哪一邊，所看到的世界將大相逕庭。

為了過去的選擇後悔時，你的焦點應該都放在負面事物上了。若轉移焦點並改為思考：「做了這個選擇有什麼好處？」就會發覺現在的人生有很多優點。

☑幻想「並未選擇的未來」也於事無補。

說出真心話時

與其後悔：
「早知道我就不說了！」

不如想：
「希望對方能了解我的想法。」

別管對方怎麼想

如實說出自己的想法是一件很困難的事。

還想維繫和對方的關係時，有些情況下就不方便說出自己的真心話。尤其是看法和對方不同，或是說出反對意見之後，有時候難免會感到後悔。即使雙方交情很好，要說出真心話仍然需要勇氣。

想要收回說出去的話時，請抱著希望這樣想：

「希望對方能了解我的想法。」

對方的想法和你的想法都很重要，也都應該受到尊重。

T小姐前陣子每週都被迫聽朋友抱怨，朋友和職場主管不合，對主管很不滿。

該名主管的確一板一眼，說話語氣較兇，指導下屬也很嚴苛。而朋友個性不拘小節，說難聽點就是做事隨便，T小姐能理解雙方為何合不來，但她覺得主管說的話並沒有錯，即使他會在朋友出錯時挖苦人，實際上還是會出手幫忙。

T小姐起初會安慰朋友，同理她說的話，但朋友過陣子便開始針對主管人身攻擊，說對方穿著老土、嗓音難聽等等，都是些與工作無關的事。聽不下去的T小姐忍不住說出：

「我知道妳不喜歡那個主管，但是他糾正得沒錯，還會協助妳吧？要不要試著好好面對他？」

結果，朋友越聽越不高興，當場離席，從隔週起再沒聯絡T小姐。

T小姐很後悔，心想：「早知道我就不說了！」不過，當她煩惱得找共通朋友商量，對方說：「希望她能了解妳的想法。」

這句話瞬間將T小姐的煩惱一吹而散。T小姐自己確實也這麼想，至於朋友無法接受的心情其實也沒有錯。即使意見相左，也沒有對錯之分。

不拿自己和別人比較，雙方都做自己，這個概念稱為「I am OK, you are OK.」。當你說出自己的意見，要持批判或肯定的看法，都是對方的自由。

另一方面，若後悔地心想「早知道就不說了」，就是在否定自己，會讓自己受苦。要怎麼看待這件事，也是你的自由。若改變想法，抱著「希望對方了解我的想法」的態度，將能保護你的心靈。在重視對方心靈的同時，也要同樣重視自己的心。

☑自己想說的話同等重要。

第4章

提不起勁時

能讓自己和別人都快樂的「腦內獨白」

當你嫉妒地心想：
「好羨慕那個人！」

正面投射

嫉妒心折磨你時

與其嫉妒地心想：
「好羨慕那個人！」

不如想：
「那個人就是
未來的我！」

如何與嫉妒心和平共處

即使想要心平氣和地過日子，負面情緒仍然會不經意地湧現，例如嫉妒、焦躁、放棄等情緒，都會把人耍得團團轉。尤其在這個時代，有很多人都會在社群上分享一家人幸福的模樣，或是發文說自己的夢想實現了，過著理想的生活。

看到那些人以自己的方式挑戰想達成的事，人們一方面覺得很棒，但一方面也覺得自己和他們比起來不夠好而心灰意冷。

儘管心裡明白不要看比較好，但就是會在意、比較，然後開始自我厭惡。這時，請在腦海中默念：

「那個人就是未來的我！」

若能將眼前那個綻放光芒的人和未來的自己聯想在一起，將會對前方的路抱持期待。

E先生最近經常上網瀏覽前同事的社群帳號。他們直到兩年前都還一起共事，起初E先生只是有點好奇對方最近過得如何。

然而，看了一陣子之後，E先生開始覺得，和自己一成不變的生活比起來，同事的生活充實多了，而且表情總是開朗又充滿活力。

相較之下，自己和那種精彩生活無緣。看了前同事的社群帳號，E先生心生羨慕，心情跌到谷底。儘管明白不要看就好，卻還是忍不住瀏覽。

睽違許久和那位前同事見面時，沮喪的E先生不由得向他吐露：

「要怎麼做，才能過得像你一樣呢？」

結果，前同事回答：「我就是未來的你呀！」

E先生當下覺得對方在打迷糊仗，但回家後看到對方的社群頁面，一想到「他就是未來的我」，心情便莫名雀躍起來，心想：「說不定我也能擁有像他那麼棒的未來！」假如自己也去挑戰前同事正在做的事，要從哪方面模仿起呢？各式各樣的想像湧上心頭。

我們對於自己心中的負面情緒或欲望，會下意識地認為那不在自己心中，而是在別人身上，這種心理機制稱為「**投射**」。

此外，不僅負面情緒是如此，就連自己心中的願望或優點這些正面的部分，我們也會投射在別人身上。假如你看到一個很優秀的人，充滿羨慕之情，這代表他身上一定有著和你的心願共通之處。

迎來美好未來的提示，一定就在那些投射中。

☑ 嫉妒心能轉變成正面目標。

組塊法（Chunking）

你不敢踏出一步時

假如明知
「我還有事非做不可」，
卻遲遲無法採取行動——

不如想：
「我做了這件事
有什麼好處？」

「該怎麼做」之後再想就好

即使有心想做，但現況卻連一點進度都沒有。有些事情明知道應該要做，但就是踏不出最初的一步。

如果有方法能夠激起自己的幹勁，實際付諸行動，許多事情應該都能毫無窒礙地順利推行。

明明想做，卻遲遲踏不出去時，不妨先思考：

「我做了這件事有什麼好處？」

請默念這句腦內獨白。具體來說，先拋下「我要做這個」「我要做那個」的想法，改為想像「做了這件事有什麼好處」，人會更容易動起來。

L小姐一直很在意家裡一團亂，但下班回來已經很累了，還要做晚飯、摺衣服、為明天做準備，結果就沒有心情和體力整理了。

她有時候會下定決心，想著今天回家一定要整理，但當她在搭車回家的路上開始思考整理的具體順序：

「先丟廚餘，然後移開客廳雜物，再整理櫃子——」

還沒開始做，就又因為嫌麻煩而失去動力。

有一次，她對同事吐苦水，說自己真的有夠不擅長整理，結果同事回答：

「我也很懶得整理，但是只要每天稍微努力一下，就不會因為找不到東西而煩躁，也不必花時間找，從結果來看輕鬆多了。」

L小姐覺得有道理，便決定開始思考整理的好處。

她心中浮現的畫面是，自己在清爽又寬敞的空間裡躺著放鬆的模樣，於是決定今天多少努力整理一下。

先大致想像一下做了這件事的好處，然後再思考具體的步驟，這就稱為「**組塊法**」（Chunking）。

走在實現某個目標的道路上時，比起輕鬆的事，更多的是辛苦、困難和麻煩的事。即使意志很堅定，一想到具體上要如何行動，就會滿腦子都浮現那些辛苦的事，進而猶豫不前。

因此，我建議大家在思考具體的行動之前，先想一想：「我做了那件事有什麼好處？」只要對此有個朦朧、抽象的概念就夠了。一旦知道這條路前方有好事和快樂的事等著自己，會更容易踏出最初的一步。

至於具體上要怎麼做，等到先踏出一步再想也不遲。

☑ 總之先試試看，事情才會有進展。

提不起動力時

與其厭煩：

「今天又有一堆事要做！」

不如想：

「我現在最想做什麼？」

保養自己的身心

我們總會想要替努力的人加油，稱讚那些無論公私都積極挑戰、充滿精力到處活動、對任何事都抱著好奇心的人。

努力的人很了不起。

可是，人無法永遠都在努力。努力固然重要，但是讓自己的身心休息、慰勞自己也同等重要。然而，有時候當一個人越拚命，就越會忽略自己。

為了在努力的同時不讓身心內耗，同時保持健康，我們必須有意識地空出時間保養自己。因此，請各位經常在心裡問自己：

「我現在最想做什麼？」

保養自我身心的祕訣，就藏在這一題的答案裡。

D小姐自認是拚命三郎，大家也這麼認為。她很不服輸，富有挑戰精神，會正面思考。她的自我肯定感也很高，甚至還曾發下豪語：「我沮喪時也能馬上振作。」

然而，從某天起，她突然變得經常遲到和出錯，健康亮起紅燈，連通勤上班都沒辦法。前一天晚上還想著隔天非得去上班不可，但早上醒來就連起床的力氣都沒有。

在旁人的建議下，D小姐留職停薪。有一天，她來聽我的講座，於是我建議她在一週內專程留一天時間作為「保養身心日」，並且在當天早上自問自答：「我現在最想做什麼？」然後實踐這個問題的答案。

D小姐決定將星期六當作「保養身心日」，到了星期六就做真正想做的事，例如穿著睡衣放鬆一整天、上美容院和大啖美食。她靠著這個方法一點一滴療癒身心，過了一陣子後便成功回到工作崗位。

拚命三郎不覺得努力是件辛苦的事，容易努力過頭。時時刻刻都抱著「我要努力」的想法採取行動，結果就是身心在不知不覺中磨耗，瀕臨極限。

因此，這類人要有意識地保留保養身心的時間，守護身心健康。

像這樣照顧自己就稱為「**自我管理**」。

假如不方便挪出一整天來保養身心，即使一天三十分鐘或十分鐘也無妨。請在那個時候忠於自己，去做自己最想做、最能獲得幸福感的事。

☑ 你最想做的事情是什麼？

想要立刻轉換心情時

不知道為什麼「總是打不起精神」時

不如想：

「現在要做些什麼才能讓心情暢快？」

別太執著於「解決問題」

總覺得心煩意亂，打不起精神，又不知道原因是什麼。

在身心不適時，會先思考原因是什麼，該怎麼解決。但要是過於執著答案，即使時間流逝，仍可能無法改變現狀。

想消除心中的紛亂時，可以用這句腦內獨白。

「現在要做些什麼，才能讓心情暢快？」

從「解決思維」切換為「改變當下思維」。

G小姐為了原因不明的情緒問題感到苦惱，明明工作、人際關係和健康都沒有什麼大問題，但就是打不起精神。雖然到處求醫，卻一直找不到解決辦法。她覺得努力都是白費，心理上的不安感越來越重。

這時，許久不見的同齡朋友約好要聚餐。儘管心情並沒有改善，但G小姐抱著想和朋友聊聊的心情，出席了餐會。當她提起自己最近心情不佳又找不到原因，朋友便說：

「我懂，我也會莫名情緒低落！」

「是因為太累了嗎？但我覺得與其吃藥，轉換心情比較有效。」

「遇到這種情況，我會一直睡覺，雖然治標不治本就是了。」

大家異口同聲地說。G小姐得知大家也有類似的經驗後稍微鬆了口氣，然後決定效法朋友，先想一想有沒有方法能暫且先轉換當下的心情。

她在心中問自己：「現在要做些什麼，才能讓心情暢快？」

於是她決定先試試看按摩，讓身體放鬆。結果是，儘管不知道明天會如何，但她在按摩的當下，頭腦和身體確實清爽多了，紛亂的心也變得輕盈。

若要解決原因不明的問題，往往會讓人感到壓力很大。這個巧妙抒發壓力和心理不適的方法就稱為「**壓力因應**」。

通往解決問題的路途很長，依序是原因↓解決方法↓實踐↓得到成果。在達成這個目標之前，即使只是暫時的也好，若能在當下提起精神，減少壓力，讓心情稍微輕盈一些，就是很有意義的事。

身體受傷時，人們也會先做緊急包紮，後續再好好治療對吧？精神上的損傷也是同理。為了讓當下的自己過得平心靜氣，請各位善用緊急措施。

☑ **明天的心情，明天再處理。**

邏輯層次

日子一成不變時

別自我貶低：
「反正我就爛！」

不如想：
「○○就是我的職責！」

自己的「定位」由你決定

每個人都是自己人生的主角，但是在人山人海中，自己終究只是個不起眼的路人——應該有很多人都這麼想。

自己絕非不幸，但也不是最幸福的那群。

覺得每天的日子一成不變，過得很沒意思時，請轉念：

「○○就是我的職責！」

用這句話來替自己貼標籤。即使有點牽強，但只要試著改變自己的個人定位，意識就會跟著改變，感受、行為和結果也會開始產生變化。

W女士即將奔四，她的資歷深，但擔任的職位不必肩負責任，每天都只是默默做著事務工作。

年紀相仿的朋友若不是結婚辭職，就是為了發展職涯而轉換跑道。儘管她覺得和別人比較沒有意義，但每天都做同樣的事度日讓她感到空虛。

某一天，兩位職場後輩先後犯下失誤，兩人驚慌失措，主管則大發雷霆，辦公室一片混亂。不過，W女士記得以前同事也犯過同樣的失誤，自己當時有幫忙處理。於是，W女士向主管提出自己願意幫忙，先讓兩名後輩冷靜下來並著手處理，因而得以大事化小。

後輩非常感謝她，主管也慰勞地說：「以後也要仰仗妳了！」其他同事都稱讚她：「妳果然很可靠！」「你是我們部門的萬事通！」

這時，W女士才發覺，旁人都對自己另眼相看。

W女士並不是微不足道的事務員，而是無可取代的資深老手。這件事改變了她對自己的認知，使她對工作湧現幹勁和充實感。

如這個例子所示，基於使命和職責而產生價值觀，運用自己的能力採取行動，進而影響周遭環境，這稱為「**邏輯層次**」（Neurological Levels）。

平淡地過著不變的日常，這種人生態度也是一種幸福，有些人光是這樣就滿足了。相較之下，也有人對缺乏刺激的日子提不起勁。若你屬於後者，不妨用「〇〇就是我的職責」這句腦內獨白，來改變對自身使命和職責的意識。

請拋開「反正我就爛」的主觀感受，擺脫一成不變的日子。

☑ 當意識改變，一如往常的日子也會改變。

全有或全無思維

不敢再踏出第二步時

與其逼自己踩煞車：

「事情絕對不會順利！」

不如想：

「無法如此斷定吧？」

「二元論」會造成主觀認定

好或壞，對或錯，成功或失敗。

像這樣，我們在做事或思考時，會想若不能百分之百成功，就什麼都不做。

人們往往會想，若有預感會失敗，最好一開始就別做。要是選擇了錯誤的道路，就回不去對的路。

但是，什麼都還沒開始，就認定未來沒有希望，這樣的想法有點極端。還不知道實際上會有什麼結果，就放棄去挑戰。

覺得事情不會成功，要自己踩煞車時，請用這句腦內獨白：

「無法如此斷定吧？」

用它斬斷極端的主觀看法，找回想要挑戰的意願和行動力。

S太太結婚第五年時，和公婆同住的計畫比預料中更早浮現，讓她很頭痛。她覺得肯定會處得不好，遲遲沒有意願。周遭有朋友和公婆同住，她很了解大家都苦於婆媳問題，埋怨不止。

然而，丈夫卻幹勁滿滿地認為這樣就能孝順父母，擅自開始規劃，因為他相信夫妻倆過去和父母建立了良好的關係。但丈夫並沒有察覺，S太太一面為過節送禮等事情付出了不小的努力，一面和公婆保持適當的距離。

某一天，公婆叫夫妻倆過去，想討論新家隔間的事。S太太心不甘情不願地參加，沒想到婆婆說：「如果同住之後，妳覺得還是分開住比較好也沒關係，我想趁身體還健康時，和你們夫妻倆一起快樂生活。謝謝妳！」

這時，S太太才察覺，自己一直以為未來只有順利和不順利兩種可能性。

順利或不順利，白或黑，這種極端的想法稱為「全有或全無思維」（all-or-nothing thinking）。假如你思考時總是以「絕對」「每次」「一定」開頭，很有可能是陷入非黑即白的思考方式，以主觀角度下了定論。你的視野或許太小，或是抱著偏見。

這時，請問自己：「無法如此斷定吧？」這樣做，將能引導出其他更有彈性、更嶄新的體悟。

事物不一定非黑即白，有時候還隱藏了第三、第四個選項，其中或許能找到對你而言最好的選擇。

☑ **不黑不白的灰色見解也無妨。**

有人炫耀的時候

與其不悅地想：

「總覺得他好瞧不起人！」

不如想：

「保持適當的心理界限吧！」

受夠別人的炫耀話題時

從以前到現在，主管和下屬、前輩和晚輩這類上下關係很麻煩。假如是同時期進公司的同事或年齡相仿的團體，照理說每個人的關係都是平等的，但有人卻抱著優越感，會瞧不起人，或是想要受人稱讚。

簡單來說，這些人就是想要炫耀。

他們會反覆說起炫耀的話題，藉此彰顯出自己比較偉大。被迫聽他們誇耀的人，光是這樣就會瞬間沒勁。

當你開始厭倦那些愛炫耀的人，請向自己提議：

「和對方保持適當的心理界限吧！」

也就是在這類人和自己之間劃下分界，藉此保護自己。

F先生如願轉職到想去的公司，心頭雀躍不已。他聽說，新公司比前東家有更多年齡相仿的年輕員工，能夠活絡地交換意見。

然而，F先生的期待落空了，新公司充滿了炫耀的風氣。

「和我們的專案比起來，你的前東家小很多耶！」

「你連這種事都不懂嗎？我在上一家公司時，這早就是常識了耶！」

「我和這家公司的董事長交情很好，就是雜誌上的這一位！」

新公司裡淨是這種愛炫耀的人。F先生心裡覺得很厭煩，但還是反覆裝出佩服或讚賞對方的樣子。

當他習慣新工作之後，就發現有同事面對炫耀大戰，會用「是喔」「這樣啊」巧妙打發過去。一問之下，對方便給他建議：

「每次都逐一陪笑臉太累了，最好和他們保持距離。」

從此，F先生決定不再對同事的炫耀話題有過多反應，一律用「是嗎」來應付，結果來炫耀的人便漸漸遠離了。

如同這個例子所示，為了建立適當的人際關係，在自己和別人之間劃下分界線，稱為「**心理界限**」。

同事、親朋好友或隸屬同個團體的成員和自己比較親近，他們炫耀的事情很難無視。為了避免掀起風波，人們往往會乖乖聆聽，心想必須稱讚對方不可。

不過，假如這樣做會讓你內耗，就沒必要理會。建議下定決心：「和對方保持適當的心理界限吧！」試著找出和他們保持不至於打壞關係的適當距離。巧妙地在自己和對方之間劃線，就是長久來往的祕訣。

☑ **擅長和人來往的人，都很懂得拿捏界線。**

鎦定

情緒忽好忽壞時

當你出現莫名的心理困擾：
「今天心情又亂糟糟了！」

不如想：
「用『我的最愛』
來改變心情。」

預先準備能讓自己恢復精神的「祕藏事物」

人的情緒會因為一些意想不到的瑣事而動搖。此外，女性由於荷爾蒙失調的關係，情緒因此不穩定也很常見。要保持心靈永遠健康平穩是很困難的。

遲遲提不起勁時，請默念這句腦內獨白：

「用『我的最愛』來改變心情吧！」

這個方法是運用能讓你心情好起來的事物，在短時間內轉換情緒。

T小姐有嚴重生理痛，她在經期時情緒會跌到谷底，提不起勁做任何事。然而，旁人卻不理解這些生理不適，就連公司同仁都以為她態度不佳。於是，煩惱的她來聽我的講座。

首先，我告訴T小姐：

「沒有人能夠永保心情愉快，所以妳沒必要勉強控制情緒的變化。」

以此為前提，我向她提出能短暫調整心情的方法。

「妳不妨運用五感，讓自己重新體驗過去的好心情和正面感受。」

這個方法稱為「錨定」（anchoring）。

首先，我請T小姐挑選一種想要體驗的感受，她選了「舒適感」。接著，我請她回想從前體驗到「舒適感」的經驗，她告訴我：「想要放鬆時，我會打開音樂盒。」

然後，我請她想像自己正在聽音樂盒，回想當時那種「舒適感」，並輕輕握起雙手，想像把那種感覺封在身體裡。

假如不容易想像，我也很推薦「實際使用物品」這個方法，亦即透過實物獲得想要的情緒。以T小姐為例，她只要直接聆聽音樂盒的音色，就能再次體驗舒適感。只要使用自己最愛的物品就更容易放鬆，達到「錨定」的效果。

- 視覺：觀看愉快的紀念照片或能鼓舞自己的影片。
- 聽覺：聆聽能平靜心情的音樂。

・嗅覺：香水、芳香精油、護手霜。

・觸覺：布料、人的體溫。

・味覺：喜歡的飲料或食物。

為了活用五感，我建議大家運用這些物品，巧妙喚起自己想要的情緒。請將它們當作關鍵時刻的護身符來使用。

☑ 運用五感來療癒自己。

狀況的重新架構

遇到遺憾的事情時

與其垂頭喪氣：

「真的好失望！」

不如想：

「如果換個觀點會如何？」

如何重振失落的心？

失去原本應得的東西，工作本來很順心卻以失敗收場。當我們越深信事情會一如己意，但結果沒有實現便越失落。

要提振一度喪志的心和幹勁比想像中更花時間。假如有方法能在心情跌到谷底時立刻振作起來，是不是很理想呢？

期待落空時，請用這句腦內獨白。

「如果改變觀點會如何？」

想想看是不是有其他新觀點能看待現在的狀況，試著建立假說並驗證。即使現況和你想的不一樣，也不一定是件壞事。

K先生最近忙於工作，連撥空去買日用品的時間都沒有，但求學時期很照顧他的學長睽違許久前來邀約，於是K先生便設法空下一整天。

K先生提早出門到了約好的地點之後，他查了附近的店家。有一家排隊名店他從以前就很想去，不抱希望地打了電話之後，幸運訂到了午餐座位。

然而，到了約好的時間，學長通知K先生：「我突然有要事排不開。」這讓K先生很失望，覺得自己用盡方法撥出時間，做好萬全準備的辛勞都白費了。

不過，當K先生開始思考接下來要做什麼，便察覺他終於有了自己的時間，幸好午餐也已經訂到位了。由於之後沒有其他預定事項，要去看電影或購物都行。雖然事情不如所想讓他很遺憾，但從另一個角度來看，現況其實也沒有那麼糟糕。K先生於是轉換心情，得以抱著正向積極的心度過一整天。

在遇到煩惱和問題而進退不得時，重組狀況的架構就稱為「重新架構」（reframing）。

心情頹喪時，無論再怎麼對那件事後悔都於事無補，有時候甚至只會越來越生氣或難過。

這時，我建議用一句「如果換個觀點會如何？」來想一想還有沒有別的角度看待現況。當停止的思路重新運作，發想點子的範圍變廣，就能察覺還有其他正面的觀點。那些觀點在你喪氣時說不定會錯過，但你其實還有機會察覺現況中好的一面。

☑ 當你的心越是感到遺憾，遺憾的現況就越不變。

第5章

不安讓你不平靜時

整理內心思緒的「腦內獨白」

當你束手無策：
「該從哪件事開始才好？」

難以抵擋的不安來襲時

與其嘆氣：

「將來該怎麼辦？」

不如想：

「具體上是對什麼事有多大的不安呢？」

將「朦朧的未來」具體化

這個時代無法預測走向，對未來感到不安的人應該很多。即使當下沒問題，但未來不得而知，所以會不安。

將來會不會為錢煩惱？有辦法維持現在的生活水準嗎？家人都能保持身體健康嗎？

一旦開始擔心這個擔心那個，就沒完沒了。

假如你也對無法預測的未來感到不安，不如想一想：

「具體上是對什麼事有多大的不安呢？」

這句腦內獨白將能減輕不安感，亦即將朦朧的不安變得一目了然。

G太太每次看到存摺數字總是會嘆氣。她對家庭經濟感到不安，不僅存款不夠用，現在還小的孩子未來也需要學費；子女結婚時，她還想多少資助一些。

她夢想擁有自己的房子。此外，夫妻倆退休後的年金不多，八成還有照護父母的問題。G太太忍不住越想越多，嘴上念著：「我好擔心未來！」但丈夫似乎不能理解她在擔憂什麼。當她說：「今後不只要繳學費，就連養老金的存款都不夠，這不是很令人憂心嗎？」

「具體上該有多少存款才夠？」

被丈夫這麼一問，G太太瞬間答不出話來。

不知道需要多少存款的G太太，先透過具體的數字確認目前的家庭收支。計算餐費、生活費、存款、水電瓦斯費與房屋稅等金額後，她試著針對未來的花費訂立具體的計畫。

「未來很艱困」這件事並沒有改變，但由於目標變得具體，G太太便明白現在該怎麼行動才好。於是，朦朦朧朧的不安消失了，她開始專注在現在能做的事情上。

如上所述，為了達成目的或目標，將事物分割成小分，並一點一滴慢慢前進，這稱為「**嬰兒學步**」（baby steps），就像小嬰兒踩著小小的步伐前進一樣。

此外，當不安讓你失去冷靜或是提不起動力，我建議大家先從能辦到的手工作業做起。這稱為「勞動興奮」，同時使用手和頭腦能刺激腦的「依核」（nucleus accumbens），使它分泌多巴胺，進而湧現動力。

心中有一股朦朧的不安揮之不去時，請從「具體上是對什麼事有多大的不安」的視角，先明確找出問題所在和應該改善之處，並且用手寫的方式寫下來，如此會更容易找回內心的平靜。

總之先全部寫下來再思考。

工作堆積如山時

當你束手無策：

「該從哪件事開始才好？」

不如想：

「哪件事情不先做，

困擾的人會是我？」

如何處理越來越多的課題？

你是否曾經垂頭喪氣的想，無論再怎麼做，該做的工作量仍然沒有減少。做完一項之後，又多了另一項——

要做的事堆積如山，不知道該從哪裡著手時，請默念這句腦內獨白：

「哪件事情不先做，困擾的人會是我？」

若要多少改善現況，就要替累積的差事排好優先順序並分類。為此，你必須抱著「要是放置不管，頭痛的人會是誰」的觀點。

A先生做事又快又精準，很得主管和同事的信任，受到他們仰賴。可是，交給A先生的工作量也因此越來越多，不管再怎麼努力去做，工作還是堆積如山。A先生一開始本來覺得做這些很有意義，但逐漸忙不過來，加班到很晚也變成常態。

某天，當A先生一如往常忙著做事，有人問說：「怎麼連這種事都是你在做？」

那是A先生指示下屬做的修正工作。下屬做事緩慢，A先生好幾次催促他，但A先生對完成度始終不滿意，忍不住自己插手。A先生終於察覺，這件差事的確不必由自己來做。於是，他想著：「哪件事情不先做，困擾的人會是我？」的觀點，重新為自己手上的差事做了總整理。結果，他發現自己大部分的時間都在幫忙做下屬或同事該做的工作。放下那些差事之後，A先生不僅能更專注在自己的任務上，工作量也減少許多。

如上所述，將面臨的課題分成「如果不做，自己會傷腦筋（自己的課題）」和「即使不做，自己也不會困擾（別人的課題）」，這稱為「**課題分離**」。

當自己和課題主人的關係越近，就越容易背負別人的課題。但是，將課題徹底交給該負責的人去做，當事人才能面對自己的課題。完成自己的課題雖然有辛苦的一面，但有時能獲得寶貴的體悟和成長的機會。

拚命三郎和好人往往會下意識攬下別人的課題，要是因此做不完自己的課題，就是本末倒置。

要從平時就經常問自己：「哪件事情不先做，困擾的人會是我？」藉此培養檢視課題主人是誰的習慣吧！

☑若自己不堪負荷而「爆炸」就是本末倒置。

RAS

想知道自己的真心話時

與其不安地想：

「這樣子真的好嗎？」

不如想：

「要是沒有限制，

我想實現什麼願望？」

替你去除「阻礙」的神奇咒語

面臨升學或就業等人生階段，我們會問自己：「我真正想做的事是什麼？」接著，我們本該從好幾個選項中選出最好的那條路，但現實中，我們的夢想和希望處處受限，例如受限於金錢、地點、時間和環境，有時候甚至連想走的道路都不在選項中。

長大成人後，要追夢就更困難了。我們往往會基於各種苦衷，在挑戰之前就先踩煞車。

假如你找不到自己真正想要的未來，請捫心自問：

「要是沒有限制，我想實現什麼願望？」

這個問題和自己的年齡、收入、能力和置身的環境都無關。我希望你能想想看，假如什麼願望都可以，你想要實現什麼呢？

B先生出社會三年，工作已經上手，生活也很穩定，但他覺得每天都莫名無趣，生活就是公司和住家兩點一線。他對未來也感到不安，想著「這樣下去真的好嗎」而悶悶不樂。他抱著朦朧的不安，前來聽我的講座。

他表示：「我不知道自己未來想要做什麼。」於是，我便建議他問自己：「要是沒有限制，想實現什麼願望？」

我請他回想過去讓他感到良好的事物，以及感到幸福的瞬間，參考這些來思考自己真正想要的是什麼。結果他說：「我想去旅行，還要重拾攝影的嗜好。」

B先生告訴我，他求學時期很喜歡旅行，經常遊歷各地，但是自從踏入社會之後，他就不方便出遊了。B先生先利用休假日，享受當日來回之旅，然後把照片上傳到社群網站上。當他開始意識到自己想做什麼，相關的資訊就接連透過電視和社群網站湧進來。

如這個例子所示，腦有個功能是會大量吸收感興趣的必要資訊，這稱為「RAS（網狀活化系統）」。當試著在不設限的情況下過濾出自己真正的願望，這個功能就會強化。

人之所以一直抱著莫名的不安，或許是因為前進的道路上沒有任何目標和目的，所以不知道該做什麼。

但是，當自己想要實現的願望很明確，相關的資訊不斷湧入，人將會忍不住採取行動。接著，只要展開行動，你的心願一定會更容易實現。

☑「我想這樣做」的心情，是你人生的動力。

「若則」計畫法

計畫生變時

在你絕望：
「失敗了，已經沒救了！」

不如想：
「改採用B計畫！」

將失敗一筆勾銷的「備案」

凡事謹慎且腳踏實地的人，事前往往會仔細規劃，認為要按照計畫進行最理想。規劃固然重要，但事情不一定會照計畫走，經常會發生意料之外的狀況。

有時候，失敗會讓計畫無疾而終，有時則是出現差錯，須要重新規劃。也可能會發生太多沒料到的狀況，令你頭痛。但是，要是在這時放棄或逃跑，先前的努力就白費了。

當你認為計畫會落空，要先讓心情穩定下來，重新安排計畫以達成目的，然後——

「改為採用B計畫！」

請用這句腦內獨白，儘快著手變更前進路線。事前準備好彌補用的B計畫當然也很重要。

H先生被抽中要擔任員工旅遊的總召，必須帶領總計一百人的大團。他請教了去年的總召，預約了住宿和交通車，也決定好旅遊地點，設法做好了準備。

但他還是擔心兩件事，一是當天可能會下雨，二是旅遊團成員年齡層較廣，遊玩時不知是否所有人都跟得上。

某天，H先生在家裡看了諜報片，主角訂立了縝密的計畫卻發生意外狀況，但並未因此慌了手腳，因為他還準備了備案，靠它華麗地克服危機。

這讓H先生得到了啟發。他決定事先準備室內的觀光行程，以防員工旅遊當天下雨。

「萬一如此，就這麼做！」像這樣在事前明確決定何時要做什麼，稱為**「若則」計畫法**（if-then plan）。只要事先準備好用來彌補的備案，即使計畫失敗或發生意外狀況，無法照原訂計畫進行，仍然能冷靜地達到目的。

實際上，事情一如H先生所料，員工旅遊當天天氣不好，但預先想好備案的H先生不慌不忙地改採用B計畫，讓員工旅遊成功落幕。

即使計畫生變，若失敗的原因是在預料之內，就能帶著平常心面對。

準備B計畫時，關鍵在於不要往「萬一如此，就果斷放棄」的方向去做，而是在「原始計畫可能不順利」的前提下，額外準備一個不同的方案。只要這樣做，就不會陷入危機，能夠順暢展開行動。

☑ 在計畫可能生變的前提下行動。

忍不住一直往壞的方面想時

與其疑心生暗鬼：

「我該不會惹人討厭了吧？」

不如思考：

「A真的等於B嗎？」

吐嘈自己的主觀意識

當周圍的人做出不經意的舉動，或是自己遇到什麼事，你會不會忍不住擔心：

「我該不會惹人討厭了吧？」

寄出去的電子郵件遲遲沒人回應；和其他人打招呼時，對方的反應很冷淡；除了工作需要之外，同事從來不跟自己搭話。一旦開始擔心這些，就連小事都會在意，內心一直感到煩亂。

直接問「你是不是討厭我？」就能得到答案，但這需要相當大的勇氣和心理準備。

別人的內心我們無從得知，但自己的心情倒是可以靠自己轉換。

假如你開始懷疑「我是不是惹人討厭了」，請想一想：

「A真的等於B嗎？」

抱著這樣的觀點，就不會被不確定的資訊耍著玩，也不必擔多餘的心。

N小姐覺得午餐時間讓她很痛苦。在不算寬敞的休息室裡，同事們一團和樂地共餐，只有自己一個人坐在稍遠處，無法加入對話，還必須在這種情況下吃午餐。由於同事從來不曾邀請她一起共進午餐，這讓N小姐落寞地想：「這應該代表他們討厭我吧！」

N小姐和大家待在同一個空間時坐立難安，所以午餐時間總是戴著耳機看影片捱過去。

某天，耳機線不小心脫落，影片的聲音播放了出來。N小姐正慌張時，同事對她搭話：

「我也有看那支影片！」

這個偶然的狀況打開了大家的話匣子，N小姐也自然而然加入了對話。

這一切只是N小姐主觀認定「不邀請我共餐等於討厭我」。同事們單純以為N小姐想要邊看影片邊靜靜吃飯，所以沒有打擾她。

我們會在沒有明確根據的情況下，揀選並省略對話或事情的一部分，進而下了「A等於B」的負面結論，這稱為「**後設模式之扭曲**」。

當你懷疑別人討厭你，給你負評，一直往壞的方面想，並為此感到不安，請試著吐嘈自己：「A真的等於B嗎？」若能察覺自己只是為了沒有根據的事白憂心，內心就會一下子輕鬆許多。

☑ 絕大部分的人並不討厭你。

想讓自己拿出勇氣時

當你快要失去自信：

「我自認很努力了，可是……」

不如想：

「你很努力，

我都知道喔！」

「不評論」和「無條件接納」是「激起勇氣」的基本原則

有些人表面上看不出來，但其實在背後付出了許多努力。即使是天生的努力家，隨著年紀增長，也會漸漸對「努力」這件事感到疲倦。

特別是，隨著歲月流逝，能察覺自己辛勞的人會越來越少。這樣一來，自我肯定感越低的人越容易喪失自信：

「我自認已經很努力了，但這樣真的夠了嗎？」

當你開始懷疑那些過去拚命做過的事，請對自己說：

「你很努力，我都知道喔！」

用這句腦內獨白，替自己加油打氣。

L小姐辭去待了三年的工作。她自認在嚴苛的職場環境中拚命努力過，但還是對許多事情感到不滿，所以決定轉職。但因為連續加班而沒時間另外找工作，於是最後裸辭。

這時剛好有親戚聚會，L小姐被問到近況，便說出辭職的事。結果親戚責備她：

「所以年輕人就是太衝動了！」

「妳打算怎麼過日子？都有年紀了，還要啃老嗎？」

完全沒有人進一步關心她辭職的原因。L小姐想反駁，但也忍不住懷疑自己是不是做錯了？

這時，原本默默傾聽的媽媽開口了：

「我女兒很努力，這我都有看到，我認為她做了正確的決定。她也很積極找新工作，我一點也不擔心。」

媽媽說出了信任L小姐的話，讓她心想：「既然如此，我也得相信自己才行！」

L小姐覺得不安的情緒瞬間煙消雲散，因為最了解自己有多努力的人就是她自己。

總之，先設法踏出一步吧——讓人產生這種念頭的溫暖關懷和態度，將會帶來克服困難的力量，這稱為「**激起勇氣**」。這是一種珍惜重要對象的心意，請你也要告訴自己：「你很努力，我都知道喔！」

「激起勇氣」和「誇獎」有些不同。有條件並根據成果來給予肯定是「誇獎」，但「激起勇氣」則和成果好壞無關，純粹是告訴對方「你努力的過程我都看到了」「我知道你很努力」和「為你加油」。

只要有人隨時在關注自己，即使那個人就是自己也無妨，這將會成為強力的支柱。

☑ 你一年三六五天都是自己的啦啦隊長。

策略

感到焦慮時

與其恐慌地想：

「到底該怎麼辦才好？」

不如想：

「順利時，我都看到、聽到、感覺到什麼？」

運用五感，回憶起「成功經驗」！

你最擅長、最有自信的領域是什麼呢？

我想，每個人一定都有自負不輸別人之處，但正如諺語說：「神仙打鼓有時錯。」即使是擅長的事情，也不一定隨時隨地都做得好。

因為有自信，所以若遇到意料之外的失誤，無法使出渾身解數，就會很慌張對吧？遇到這種情況，有一句腦內獨白能讓你免於陷入恐慌：

「順利時，我都看到、聽到、感覺到什麼？」

回溯自己做出成果那瞬間的五感運用方式，即使不順利也不會著急，能夠恢復平常心。

J先生有相當多製作簡報的經驗，無論在公司內外，還是為大型會場做簡報，而且評價也相當高，讓他很有自信。

當他睽違許久，預計要在大型場地做簡報，意外狀況發生了。工作人員搞錯簡報開始的時間，當J先生提早進入會場要彩排，工作人員卻說：「再十分鐘就要正式上場了！」螢幕的位置，自己和聽眾的距離，以及麥克風等全都還沒有確認過，這讓J先生亂了步調，失去了平時的冷靜。同事擔心地問：「你還好嗎？只要照平時那樣做就好了！」

於是，J先生便開始回想：「我平時都是怎麼做的？」

首先，他發現螢幕距離太近，便親自移動螢幕，接著發現音量比往常大，請工作人員調整麥克風音量。此外，在報告時要搭配肢體動作及和聽眾視線交會，這次他也沒因為慌張而忘記。

儘管一度擔心會出包，但他冷靜地做完了簡報。

我們為了做出成果，會運用五感、行為模式和做事順序，這些稱為「策略」（Strategy）。簡單來說，過去做出好成果時的內在感覺包括腦中形象（視覺）、心聲（聽覺）和記憶（體感）；而外在感覺則包括影像（視覺）、聲音（聽覺）和觸感（體感）。只要喚起上述這些感覺，就能緩和當下的不安，平復心情。

為此，「順利時，我都看到、聽到、感覺到什麼？」這句腦內獨白是最適合的引子。不必想得太複雜，這句話將促使你找回順利時的「感覺」，心情會很神奇地穩定下來，於是你便能發揮原本的實力。

☑ 面臨危機時，請回想起做得好時的自己。

記憶定著

在失眠的夜裡

若你心煩：

「想睡覺，卻睡不著！」

不如轉念想：

「我正在保護自己。」

夜裡睡不著有其原因

你是否曾為了夜裡失眠所苦呢？

回過神來已經是三更半夜，天色在不知不覺中開始亮起。不快點睡著明天上班會精神不濟……越這樣想，就越是急得無法入睡。

在失眠的夜裡，請對自己說：

「我正在保護自己。」

睡不著都是有原因的。

這是因為身體下意識地想要保護自己。

夜裡失眠時，腦裡應該有讓你感到痛苦的事，例如負面情緒或令你心煩意亂的事。

在職場上犯下無法彌補的失誤；做了健康檢查後，發現有異樣必須再追蹤；今天剛和情人分手，或是明天必須和討厭鬼見面。

在我的講座上，有很多聽眾都表示他們深受失眠所苦。我會告訴他們：

「這是因為你的身體正在保護你，所以不要緊。大腦正在努力不讓討厭的記憶留下。」

必須入睡卻睡不著，這是一種「不想讓負面事物在腦海中留下記憶」的防禦反應。

當我們經歷強烈的負面體驗，或是被激起負面情緒，若馬上進入充足的睡眠，負面記憶就會長期紮根，這稱為「記憶定著」。

但是，大家應該不願意讓令人不安的事物或情感留下記憶吧？腦為了避免這一點，會選擇「不睡覺」，結果就是失眠。

換句話說，睡不著不一定是壞事，這是一種為了自我保護而發生的現象。然而，不睡覺就會睡眠不足的現實情況依然不變。

因此，請你在心中默念：「我正在保護自己。」讓自己有種受到保護的安心感。儘管這樣做無法讓自己立刻睡著，但在難過時受到保護的這種安心感將能減輕你的不安。

若多少能降低對失眠的焦慮，或許就能放下心來，自然墜入夢鄉。

☑ **認了「睡眠不足也是無可奈何」。**

恆定性（homeostasis）

想要習慣時

與其不安地想：
「我跟不上環境的變化。」

不如想：
「不要緊。一旦習慣之後，就不會不安了。」

身心會想要回到平常的狀態？

必須做出某個決定時，我們會深思熟慮，多方苦惱之後才下決定，然後採取行動。

但是，無論花了多長的時間做決定，還是無法抹去心中的不安，會想：

「這樣做真的對嗎？有沒有更好的決策？」

你是不是也有這種經驗呢？好不容易下了決策並展開行動，但內心依然留有芥蒂，這樣並不健康。這時，請對自己說：

「不要緊。一旦習慣之後，就不會不安了。」

當做了挑戰，進步之後，應該會想要保持在沒有不安的最佳狀態吧？為此，去習慣新的狀況是最好的做法。

M先生最近換了新工作。他在前東家是應屆錄取，就此待了十五年，公司有如住慣的自家。但是，那家公司至今依然沒有無紙化的習慣，這種老舊風氣讓M先生感到很不對勁。

這時，他看到了徵人啟事，心想自己已有年紀，這或許是最後一次機會。新公司的業務嶄新，全都很有吸引力，M先生並不後悔跳槽。

可是，他心中卻莫名有種揮之不去的不安，沒辦法打從心底接受新環境。某天，社長在午餐會議上問他：「你習慣了嗎？」M先生這才察覺自己對工作和人際關係都還不習慣。

「我想你大概對很多事都會不安，但只要習慣了就不要緊。」

社長這麼說，M先生便察覺自己不安的原因就是「還不習慣」。當他決定要長期抗戰，便覺得輕鬆許多。

人類的身心有個機制，亦即會抗拒改變，想要維持固定的狀態，這稱為「**恆定性**」（homeostasis）。M先生經歷了跳槽這個巨大變化，恆定性開始運作，化為不安呈現出來。

簡單來說，當想要改變自己或周遭環境，如何「解除」恆定性便是關鍵。

重點在於，如何在不讓腦察知「變化」的情況下做出改變，因為當腦意識到「變化」，就會開始發揮維持原始狀態的功能。減重時，體重若掉得太快會容易復胖吧？這也是恆定性的關係。

先從一些小事做起，多次重複一些不必太費力就能做到的小小變化，在「巧妙騙過大腦」的情況下去習慣它。一旦習慣了，不安就會消失，身心都會變得輕鬆。

☑ 想改變自己時要長期抗戰。

人生不順遂時

與其對人生悲觀：
「我怎麼會在這裡卡住了？」

不如轉念：
「別只看一部分，
要綜觀人生。」

人生有八大領域

人生總是起起落落。有句話說：「世上沒有下不停的雨。」

然而，一旦陷入麻煩或發生意外、狀況不佳，人就會產生「人生連一件好事都沒有」的悲觀想法。

尤其是認真努力活過來的人，更會在某個地方卡住時產生一切都不順遂的錯覺。

當你悲觀地認為自己的人生都在空轉，請告訴自己：

「別只看一部分，要綜觀人生。」

這樣做，你將能再次確認自己的視野是不是變得狹窄，檢視自己手上是不是真的連一點幸福都沒有。

O先生被主管職場霸凌，因而留職停薪。主管從某天起開始裝作沒看到O先生打招呼，就連工作事項也不聯絡，導致工作出了問題。更決定性的原因是，主管把出包的責任全都轉嫁到O先生身上，讓他喪失工作意願。O先生便是在這時來聽我的講座。

O先生對無法工作的自己信心全失，對回歸工作崗位也感到非常不安。他滿腦子只想著工作，就是這麼拚命面對眼前的職務，是個很認真的人。

因此，我告訴他人生有「八大領域」。

八大領域分別是：①事業、②經濟、③健康、④家庭、⑤人際關係（親朋好友）、⑥學習（自我充實）、⑦休閒娛樂、⑧物理環境。我請O先生在筆記本上寫下對這八大領域的滿意度，以滿分十分來評分。這些稱為「**生命之輪**」（wheel of life）。

以O先生為例，①事業：因為正在留職停薪，所以只有三分。②經濟：由於夫妻雙方都有工作，是八分。③健康：內心受挫但身體健康，有七分。④家庭：有家人陪伴，是十分。⑤人際關係：除了主管之外都很好，有九分。⑥學習：留職停薪時在研究心理學，有八分。⑦休閒娛樂：無心想這個，四分。⑧物理環境：住在車站附近的好房子，有十分。

O先生對工作的滿意度確實很低，但當他客觀審視人生的八大領域，就察覺自己對整體人生相當滿意。

人生有各種面向，但人只要其中一個面向不順遂，就會只看那件事情，產生人生全是壞事的錯覺。

「別只看一部分，要綜觀人生。」請換個角度，從四面八方各個視角重新俯瞰自己的人生。

我想，你一定會再次察覺自己無意中忽略的美好一面。

☑ **請察覺身邊那些天經地義的幸福。**

Note

重塑情緒的腦內獨白：瞬間轉念的自我對話練習 / 吉村園子作；伊之文譯. -- 初版. -- 新北市：世茂出版有限公司, 2025.03
面；　公分. -- (心靈叢書；32)

ISBN 978-626-7446-58-4(平裝)

1.CST: 人際關係　2.CST: 應用心理學

177.3　　113020792

心靈叢書32

重塑情緒的腦內獨白：瞬間轉念的自我對話練習

作　　者／吉村園子
譯　　者／伊之文
編　　輯／陳怡君
主　　編／楊鈺儀
封面設計／林芷伊
出 版 者／世茂出版有限公司
地　　址／(231)新北市新店區民生路19號5樓
電　　話／(02)2218-3277
傳　　真／(02)2218-3239（訂書專線）
劃撥帳號／19911841
戶　　名／世茂出版有限公司
　　　　　單次郵購總金額未滿500元（含），請加80元掛號費
世茂官網／www.coolbooks.com.tw
排版製版／辰皓國際出版製作有限公司
印　　刷／傳興彩色印刷有限公司
初版一刷／2025年3月

ＩＳＢＮ／978-626-7446-58-4
ＥＩＳＢＮ／9786267446560（PDF）／9786267446577（EPUB）
定　　價／310元